INNSBRUCKER BEITRÄGE ZUR SPRACHWISSENSCHAFT
herausgegeben von
WOLFGANG MEID
Band 71

T. ARWYN WATKINS

KURZE BESCHREIBUNG DES KYMRISCHEN

INNSBRUCK 1992

Die *Innsbrucker Beiträge zur Sprachwissenschaft* werden gefördert von der Kulturabteilung des Amtes der Tiroler Landesregierung. Der Druck des vorliegenden Bandes erfolgte mit zusätzlicher Unterstützung der Keltischen Kommission der Österreichischen Akademie der Wissenschaften und des Universitätsbundes Innsbruck

Titel des englischen Originals: 'Welsh'
(erscheinend in dem Sammelband *The Celtic Languages*, 1992,
im Verlag Routledge, 11 New Fetter Lane, London EC4P 4EE).
Deutsche Bearbeitung von Konstantin Wöbking.
Mit freundlicher Genehmigung des Verlages Routledge, London.

Die Deutsche Bibliothek — CIP-Einheitsaufnahme

Watkins, T. Arwyn:
Kurze Beschreibung des Kymrischen / T. Arwyn Watkins.
[Institut für Sprachwissenschaft der Universität Innsbruck.
Dt. Bearb. von Konstantin Wöbking]. –
Innsbruck: Inst. für Sprachwiss., 1992
(Innsbrucker Beiträge zur Sprachwissenschaft; 71)
Einheitssacht.: Welsh <dt.>
ISBN 3-85124-628-4
NE: Wöbking, Konstantin [Bearb.]; GT

1992

INNSBRUCKER BEITRÄGE ZUR SPRACHWISSENSCHAFT

Herausgeber: Prof. Dr. Wolfgang Meid

Institut für Sprachwissenschaft der Universität Innsbruck
A-6020 Innsbruck, Innrain 52

Herstellung der Druckvorlage: Konstantin Wöbking

Druck: AKAPRINT Budapest. 9220436

Bestell- und Auslieferungsadresse:
IBS-Vertrieb, A-6020 Innsbruck, Elisabethstraße 11

Vorwort des Autors

Meine Beschreibung des Kymrischen, die Teil des im Verlag Routledge, London, herauskommenden Sammelbandes "The Celtic Languages" ist, erscheint hier mit freundlicher Genehmigung des Verlages in deutscher Bearbeitung. Für das Zustandekommen dieser deutschen Fassung und ihre Veröffentlichung bin ich dem Herausgeber der "Innsbrucker Beiträge zur Sprachwissenschaft", meinem Freund und Kollegen Wolfgang Meid, sehr zu Dank verpflichtet. Mein Dank gilt weiters dem fachkundigen Übersetzer, Herrn Konstantin Wöbking, sowie meinen Kollegen Dr. Ian Hughes und Dr. Michael Hughes vom University College of Wales, Aberystwyth, dafür, daß sie eine Korrektur der deutschen Fassung mitgelesen haben, was dieser zugute gekommen ist.

Swansea/Abertawe, im Dezember 1991　　　　　　　　T. Arwyn Watkins

Inhaltsverzeichnis

1. Einleitung 11
1.1 Britannisch und Kymrisch 11
1.2 Diachrone und synchrone Gliederung 13

2. Orthographie 18

3. Phonologie 25
3.1 Vokale 25
3.2 Diphthonge 28
3.3 Konsonanten 30
3.4 Dynamischer Akzent und Hochton 34
3.5 Systemveränderungen 36
3.6 Morphonologische Alternation 38
3.6.1 Alternationen des Wortanlauts 39
3.6.1.1 Lenition 41
3.6.1.2 Nasalierung 43
3.6.1.3 Aspirierung 44
3.6.1.4 Mutation in der derzeitigen zweisprachigen Situation 45
3.6.2 Veränderungen im Inlaut 46
3.6.2.1 Vokalmutation 47
3.6.2.2 I-Umlaut 48
3.6.2.3 Verhärtung 48
3.6.2.4 Kleinere Veränderungen 49

4. Morphologie	50
4.1 Substantiv	50
4.1.1 Genus	50
4.1.2 Numerus	51
4.1.3 Kasus	54
4.2 Adjektive	55
4.2.1 Genus	55
4.2.2 Numerus	56
4.2.3 Steigerung	56
4.3 Determinantien, Bestimmungswörter, Indefinitpronomina, Zahlwörter und Demonstrativpronomina	57
4.4 Präpositionen	61
4.5 Pronomina	62
4.6 Verbalsystem	69
4.6.1 Verbalnomen	69
4.6.2 Verbalflexion	71
4.6.3 Das periphrastische System	77
4.6.4 Die Quasimodalverben	81
4.7 Wortbildung	83
5. Syntax	86
5.1 Nominalphrase	86
5.2 Präpositionalphrase	91
5.3 Hauptsatz	92
5.4 Inversion	95
5.5 Entscheidungsfragen und Antworten	96
5.6 Imperativsätze	99
5.7 Ergänzungsfragen	100

5.8 Struktur der Sätze mit Kopula 101
5.9 Gliedsätze 102
5.9.1 Relativsätze 102
5.9.2 Nominalsätze 105
5.9.3 Adverbialsätze 109

6. Wortschatz 113

7. Bibliographie 115

1. Einleitung

1.1 Britannisch und Kymrisch

Am Anfang dieses Jahrhunderts vertraten die Gelehrten die Meinung, eine starke Pänultimabetonung im späten Britannisch habe den Verlust der Endsilben ausgelöst. Dieser Vorgang, der angeblich gegen das Ende des fünften Jahrhunderts begonnen habe und zur Mitte des sechsten beendet gewesen sei, wird als das entscheidende Merkmal, das den Tod des Britannischen und die Geburt des Kymrischen und seiner neubritannischen Schwestersprachen markiere, betrachtet. Verfechter dieser Theorie behaupten, daß der Verlust der Endungen "... unausweichlich zur Auflösung der britannischen Kasus-Endungen führte und eine große Veränderung des gesamten syntaktischen und morphologischen Charakters der Sprache mit sich brachte. Das Kymrische nahm Zuflucht [...] zur Verwendung von Präpositionen, Wortstellung und anderen Mitteln, um den Verlust der alten Flexionsendungen zu kompensieren ..." (C. LEWIS (1976): 26-27). Implizit ist in dieser Hypothese des Zusammenbruchs die Annahme enthalten, daß im ursprünglichen Kymrisch die Anordung der Konstituenten frei war. Dieser Punkt wird bis zu einem gewissen Ausmaß in H. LEWIS (1942) diskutiert, wo weiter argumentiert wird, daß Spuren freier Wortstellung noch in der mittelkymrischen (mkymr.) Periode (ca. 1200 - 1500) auszumachen sind.

Diese Sicht der Herausbildung des Kymrischen wird neuerdings angezweifelt. Es wurden überzeugende Beweise dafür geliefert, daß es tiefgreifende Umstrukturierungen des gesamten britannischen

Flexionssystems vor dem Verlust der Endsilben gab (J. KOCH (1983)). Diese Entwicklung wäre nicht das Ergebnis des Endsilbenschwundes, sondern könnte ihrerseits den Schwund ausgelöst haben, weil sie die Flexionssuffixe größtenteils überflüssig werden ließ. Darüberhinaus gibt es keinen guten Grund, weshalb man annehmen sollte, daß die Anordnung der Satzkonstituenten im Kymrischen je frei gewesen sei. Die ältesten geschriebenen Texte (neuntes Jahrhundert) belegen das genaue Gegenteil. Auffallende Abweichungen von der VSO-Ordnung im Mittelkymrischen (die sehr selten und auf die Dichtung beschränkt sind) können befriedigend als stilistisch und metrisch bedingt erklärt werden (T. A. WATKINS (1987)).

Auch bezüglich der Art des spätbritannischen Akzents wurden Zweifel erhoben. Die traditionelle Sicht besagt, daß es sich um einen dynamischen Akzent (auf der Pänultima) gehandelt habe (K. H. JACKSON (1953): 265), aber in jüngster Zeit wird argumentiert, es könne auch ein Hochton auf der Pänultima gelegen haben anstelle eines dynamischen Akzents. Demgemäß bedeutete der Verlust der britannischen Endsilben, daß der Hochton in den neubritannischen Sprachen dann auf die Endsilbe gefallen ist. Historische (und nach wie vor andauernde) phonetische Veränderungen, die in einsilbigen Wörtern des Kymrischen gleichartig wie in Endsilben verliefen, können damit erklärt werden, daß der Hochton auf der Endsilbe mehrsilbiger Wörter bis zum heutigen Tage bestehen blieb. Der dynamische Akzent entwickelte sich nicht vor dem neunten bis elften Jahrhundert, und seine Position auf der Pänultima trägt zu einer Betonung, die offensichtlich akustisch zwischen Pänultima und Ultima geteilt ist, bei - eine bemerkenswerte Eigenschaft der heutigen kymrischen Aussprache (T. A. WATKINS (1972)).

1.2 Diachrone und synchrone Gliederung

Es wurden zwingende Argumente vorgebracht (I. WILLIAMS (1938), K. H. JACKSON (1969)), daß einige poetische Denkmäler, die in mittelkymrischen Handschriften den mutmaßlich im sechsten Jahrhundert wirkenden Dichtern ANEIRIN und TALIESIN zugeschrieben werden, von der Zeit ihrer Entstehung an mündlich überliefert wurden. Diese Behauptung wurde bestritten (D. GREEN (1971)), doch zeigt die Sprache dieser Dichtung, in der Form, wie sie uns heute vorliegt, deutliche Spuren tiefgreifender und andauernder Modernisierung während der Jahrhunderte mündlicher Überlieferung. Sie kann daher nicht als ein direktes Zeugnis des Kymrischen des sechsten Jahrhunderts verwendet werden. Es gibt keinen Beleg für geschriebenes Kymrisch vor dem Ende des achten Jahrhunderts, abgesehen von (normalerweise latinisierten) Eigennamen in lateinischen Inschriften und Handschriften. Die Sprache der Periode von dieser Zeit an bis zum Ende des zwölften Jahrhunderts wird als Altkymrisch (akymr.) bezeichnet. Das Schreibsystem dieser Jahrhunderte hat einige bemerkenswerte Kennzeichen. Eines davon führte zu umfangreichen Diskursen über die Ursprünge der neukeltischen Orthographie. Im Altkymrischen (ebenso wie im Altkornischen, Altbretonischen und Altirischen) werden die stimmhaften Plosive /b/, /d/, /g/ in medialer, finaler und lenierter initialer Position durch ⟨p⟩, ⟨t⟩, ⟨c⟩ wiedergegeben, und in gleicher Position die stimmhaften Frikative /v/, /ð/, /ɣ/, /ṽ/ durch ⟨b⟩, ⟨d⟩, ⟨g⟩, ⟨m⟩: [aber] ⟨aper⟩, [trədɨð] ⟨tritid⟩, [gwaˑg] ⟨gwac⟩, [treˑv] ⟨treb⟩, [roðes] ⟨rodes⟩, [gwraɣun] ⟨guragun⟩, [haˑṽ] ⟨ham⟩.

Die heutzutage am weitesten akzeptierte Theorie ist jene, die in K. H. JACKSON (1953): 67-75 dargestellt ist. Er argumentiert, daß dieses System seinen Ursprung in der Aussprache des Britanno-Lateinischen gehabt haben mußte, das eine Zweitsprache der romanisierten britannischen Oberschicht während der römischen Besetzung war. In dieser Form des Lateinischen hatten ursprüngliche /p/, /t/, /k/, /b/, /d/, /g/, /m/ (unter ähnlichen phonetischen Bedingungen) den gleichen Wandel durchgemacht (d. h. > /b/, /d/, /g/, /v/, /ð/, /ɣ/, /ṽ/) wie im Spätbritannischen, z. B. [kaper] > [kaber]. Trotzdem blieb die geschriebene Form, wie sie gebildete Sprecher des Britanno-Lateinischen verwendeten, die klassische, d. h. in diesem Falle, ⟨caper⟩. Als das Altkymrische verschriftlicht wurde, übernahm man dieses System, was zur Folge hatte, daß ein Wort, wie jenes, das [aber] gesprochen wurde, ⟨aper⟩ geschrieben wurde. Diese Theorie hat ihre Schwächen und erklärt einige andere Eigenschaften der neukeltischen Orthographie nicht, die genauso ungewöhnlich sind. In neuerer Zeit wird entgegnet, daß das neukeltische System in seiner Gesamtheit überzeugender als Adaption der lateinischen Grapheme für die altirische Phonologie erklärt werden könne. Das System wurde später fast unverändert verwendet, um Altkymrisch, Kornisch und Bretonisch zu schreiben, für deren Phonologie es weniger geeignet war (T. A. WATKINS (1965)).

Mit dem zwölften Jahrhundert brach das ursprüngliche System des Altkymrischen zusammen. Teilweise geschah dies aufgrund phonologischer Änderungen (wie dem Zusammenfall von /ṽ/ und /v/ (durch den Verlust der Nasalität des ersteren) und dem Verlust von /ɣ/), vor allem aber wegen orthographischer Entwicklungen, wie der Aufnahme neuer Zeichen (⟨y⟩ im zehnten Jahrhundert, ⟨w⟩ im zwölften) und der Zuordnung neuer Werte an bereits vorhandene Zeichen (z. B. ⟨u⟩ und ⟨f⟩ zur Darstellung von /v/). Der Einfluß der normannischen Orthographie war ein wichtiger Faktor dieser Veränderungen.

Die generelle Annahme dieser Entwicklungen zeigt sich in der stärker phonetischen, dafür aber weniger konsistenten Orthographie der als mittelkymrisch bezeichneten Periode (frühes dreizehntes bis spätes fünfzehntes Jahrhundert). Die Sprache seit dem Ende des fünfzehnten Jahrhunderts wird als Neukymrisch (nkymr.) bezeichnet. Zu deren wichtigsten orthographischen Eigenheiten zählt die Konsistenz, mit der die initiale Mutation der Konsonanten dargestellt wird, und der weitverbreitete Gebrauch von ⟨dd⟩ und ⟨f⟩ als reguläre Zeichen für /ð/ und /v/. Die Stabilität dieser Entwicklungen war gesichert, als sie in die erste Übersetzung der gesamten Bibel im Jahre 1588 aufgenommen wurden. Mit diesem Ereignis wird auch eine brauchbare Grenze zwischen Früh- und Spätneukymrisch gezogen. Der Ausdruck "literarisches Kymrisch" (lit. kymr.) bezeichnet hier den literarischen Standard einschließlich des heute gültigen.

Die spontan gesprochene Sprache, das umgangssprachliche Kymrisch (ugs. kymr.), läßt sich generell in vier Hauptdialektzonen (J. MORRIS-JONES (1913): 8) gliedern: (1) Nordwesten (Venedotisch), (2) Nordosten und Mitte (Powysisch), (3) Südwesten (Demetisch) und (4) Südosten (Gwentisch). Diese Ausdrücke werden auch hier verwendet, jedoch mit allen Vorbehalten, was die Überschneidung linguistischer Isoglossen usw. betrifft. Die Anordnung der heutigen Verwaltungseinheiten (Abb. 1) entspricht ungefähr diesen

Dialektzonen, nämlich (1) Gwynedd, (2) Clwyd und Powys, (3) Dyfed und (4) die drei Glamorgans und Gwent. Darüberhinaus gibt es eine brauchbare, weithin akzeptierte, aber geographisch sehr ungenaue Nord-Süd-Grenze. Die Ausdrücke "nördlich" und "südlich" werden in Verbindung mit verschiedenen Isoglossen, die von unterschiedlichen Punkten an der Cardigan Bay (der Westküste) zur englischen Grenze im Osten verlaufen, verwendet. Diese Grenze (Abb. 2) äußert sich unter anderem deutlich in der nach Norden vordringenden Isoglosse zwischen /i/ und /ɨ/. Diese Phoneme sind in der nördlichen Aussprache phonologisch distinktiv, wie z. B. im Minimalpaar /hɨ·n/ ⟨hun⟩ "Schlaf" und /hi·n/ ⟨hin⟩ "Wetter". In der südlichen Aussprache sind diese Wörter homophon, wobei die /i/-ähnliche Aussprache überwiegt. Die angeführte Isoglosse wurde ausgewählt, weil sie einen sehr großen Teil des Vokabulars betrifft und nicht nur die Aussprache der Vokale, die ⟨y⟩ und ⟨u⟩ geschrieben werden, umfaßt, sondern auch die der Diphthonge ⟨eu⟩, ⟨au⟩, ⟨ae⟩, ⟨oe⟩, ⟨wy⟩ und ⟨uw⟩. Südliche Sprecher substituieren [i] für [ɨ] auch dann, wenn sie formelles oder literarisches Kymrisch sprechen, weil [ɨ] aus ihrem Artikulationsrepertoire verschwunden ist. Eine weitere phonologische Manifestation dieser Grenze ist die Aussprache der Gruppe ⟨chw-⟩ am Wortanfang. Diese wird im Nordkymrischen als [xw-] realisiert: [xwe·x] ⟨chwech⟩ "sechs" und als [(h)w-] im südlichen: [(h)we·x]. In formellen und literarischen Situationen wird die [xw-]-Aussprache von südlichen Sprechern regulär produziert; die Gruppe ist (in medialer Position) noch Teil ihres Repertoires. Beide Nord-Süd-Isoglossen laufen nahe beieinander; sie wurden von T. DARLINGTON (1900-01): 14-15 ziemlich genau beschrieben (so wie sie am Ende des letzten

Jahrhunderts auftraten).

Abbildung 1

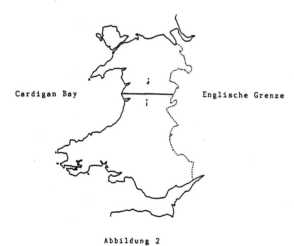

Abbildung 2

2. Orthographie

Die 27 Grapheme des heutigen Alphabetes reflektieren die Verwendung in der Bibelübersetzung von 1588. Dieses Alphabet wurde erstmals in J. DAVIES (1621) als solches verzeichnet und stellt sich wie folgt dar (DAVIES verwendete zwei Formen ⟨y⟩ und ⟨y⟩, um die zwei Aussprachen ([ɨ] und [ə]), die ⟨y⟩ repräsentieren kann, wiederzugeben, aber dies geschah zur Erläuterung und nicht aus funktionellen Gründen):

a [aː], *b* [biː], *c* [ek], *ch* [ex], *d* [diː], *dd* [eð], *e* [eː], *f* [ev], *ff* [ef], *g* [eg], *ng* [ēŋ], *h* [aitʃ], *i* [iː], *l* [el], *ll* [eɬ], *m* [em], *n* [en], *o* [oː], *p* [piː], *ph* [fiː], *r* [er], *s* [es], *t* [tiː], *th* [eθ], *u* [ɨː] oder [i], *w* [uː], *y* [əː].

Die Aussprache der Grapheme wird durch die in den eckigen Klammern beigegebenen Buchstabennamen angezeigt. Nicht vorhanden sind die Zeichen ⟨k⟩, ⟨v⟩ und ⟨q⟩. (Im Mittelkymrischen (und später) kommt ⟨k⟩ als Allograph (normalerweise vor vorderen Vokalen) für ⟨c⟩ vor, und ⟨v⟩ kann als Allograph von ⟨w⟩, ⟨u⟩ und ⟨f⟩ auftreten.) Das Zeichen ⟨q⟩ wurde im kymrischen Schreibsystem nie verwendet. Auffallend, wenn man das Alphabet mit anderen vergleicht, die auf dem lateinischen beruhen, ist die Verwendung von Digraphen. Wenn die Digraphe Laute bezeichnen, die am Beginn von Grundwörtern vorkommen (⟨ch-⟩, ⟨ff-⟩, ⟨ll-⟩ (und ⟨ph-⟩, ⟨th-⟩ in einigen Lehnwörtern)), dann repräsentieren diese eigene Sektionen in Wörterbüchern und Lexika. (Das bedeutet, daß z. B. ⟨chwi⟩ "ihr" in einem separaten Abschnitt *ch-* zu finden ist und nicht unter *c-*.) Im heutigen Alphabet gibt es noch zwei weitere

Zeichen (beide stellen auch eigene Lexikonsektionen dar): ⟨j⟩ (hinter ⟨i⟩) und ⟨rh⟩ (hinter ⟨r⟩). Das erste dient zur Kennzeichnung des Phonems /dʒ/ in Lehnwörtern (⟨jwg⟩ [dʒug] "Kanne" < engl. *jug*, ⟨garej⟩ [gaˑredʒ] "Garage" < engl. *garage*), das zweite schafft getrennte Wörterbuchabteilungen für Wörter mit initialem /r̥/ einerseits ([r̥au] ⟨rhaw⟩ "Schaufel") und Wörtern (nur Lehnwörter) mit initialem /r/ (⟨rwber⟩ [ruber] "Gummi" < engl. *rubber*) andererseits. Entlehnung machte es notwendig, auch zwei weitere Phoneme anzupassen, /tʃ/ und /ʃ/. Diese allerdings nehmen weder eigene Abteilungen in Wörterbüchern ein, noch wurde eine befriedigende Lösung ihrer Darstellung im Schreibsystem gefunden. Für das erstere werden ⟨tsh⟩ (⟨tships⟩ [tʃips] "Pommes frites" < engl. *chips*), ⟨ts⟩ (⟨wats⟩ [watʃ] "Uhr" < engl. *watch*) und ⟨tsi⟩ (⟨startsio⟩ [startʃo] "stärken" < engl. *to starch*) verwendet, für das letztere ⟨si⟩ (⟨siop⟩ [ʃop] "Geschäft" < engl. *shop*) und ⟨s⟩ (⟨ffres⟩ [freʃ] "frisch" < engl. *fresh*). Im Laufe der Jahrhunderte versuchten immer wieder Einzelpersonen, andere Zeichen einzuführen, besonders was die Digraphe betrifft. Zum Beispiel verwendete GRUFFYDD ROBERT (ca. 1532 - ca. 1598) ⟨đ⟩ für ⟨dd⟩ /ð/, S. D. RHYS (1534 - ca. 1609) ⟨dh⟩ und W. O. PUGHE (1759 - 1835) ⟨z⟩. Alle diese Innovationen hatten nur sehr kurzfristigen Bestand.

Phonetische und phonologische Veränderungen im ugs. Kymrisch spiegelten sich üblicherweise nicht in der Orthographie wider. Die Darstellung des Phonems /ʉ/ ist dafür ein gutes Beispiel. Obwohl es die ursprüngliche Eigenschaft der Lippenrundung verlor (was zur Folge hatte, daß es mit /ɨ/, einer der Aussprachevarianten von ⟨y⟩, zusammenfiel) wird es (zweckdienlicherweise) immer noch durch das Zeichen ⟨u⟩ dargestellt. Das Alphabet ist dennoch fast völlig phonemisch; dies aufgrund der Tatsache, daß eine zum größten Teil unveränderte literarische Aussprache, trotz des Wandels im ugs. Kymrisch, bestehen blieb. Zum Beispiel wurde die Gruppe [-nt] am Wortende, die die Endung der dritten Person Plural aller Verben und konjugierten Präpositionen darstellt, wahrscheinlich bereits im neunten Jahrhundert im ugs. Kymrisch zu [-n] vereinfacht. Aber dieser Wandel spiegelt sich im lit. Kymrisch nicht wieder, weder in geschriebener noch in gesprochener Form. Auch werden, trotz weitgehender Monophthongisierung von Diphthongen in unbetonten Endsilben im ugs. Kymrisch, diese im lit. Kymrisch nicht nur weiterhin als Diphthonge geschrieben, sondern auch als solche ausgesprochen und in Reimen verwendet. (Dies ist in Tabelle 1 dargestellt.) Ein wichtiger Faktor, der zu dieser Aussprachediglossie beitrug, war die traditionelle metrische Dichtung mit der bis auf den heutigen Tag beibehaltenen Art des Reimens betonter und unbetonter Silben (*gwélănt* - *dánt*; *péthău* - *dáu*), ein System, das auf der Postition des Akzents (Endsilbe) mehrsilbiger Wörter des ursprünglichen Kymrischen beruht.

Es wurden sporadisch Versuche gemacht, die Unterschiede in der Aussprache zwischen ugs. und lit. Kymrisch zu beseitigen. Ein Grammatiker des späten neunzehnten Jahrhunderts versuchte, die Sprecher des Kymrischen dazu zu bringen, z.B. ein geschriebenes ⟨*gwelant*⟩ als [gwelan], ein geschriebenes ⟨*pethau*⟩ als [peθa] und ein geschriebenes ⟨*carrai*⟩ als [kare] zu lesen (E AP I (1939): 64-66). Er argumentierte, daß Englisch, Französisch und andere große Sprachen auch nicht so ausgesprochen werden, wie sie geschrieben werden, und es daher keinen triftigen Grund gebe, dies im Kymrischen beizubehalten. Neuere (aber ebenso erfolglose)

Geschriebene lit. Form	Lit. Aussprache	Ugs. Aussprache
{ *gwelant* "sie sehen"	[ˈgweˑlant]	[ˈgweˑlan]
dant "Zahn"	[dant]	[dant]
{ *dimai* "Halber Penny"	[ˈdimai]	[ˈdime]/[ˈdima]
bai "Fehler"	[bai]	[bai]
{ *pethau* "Dinge"	[ˈpeθai]/[ˈpeθaɨ]	[ˈpeθe]/[ˈpeθa]
llau "Läuse"	[ɬai]/[ɬaɨ]	[ɬai]/[ɬaɨ]

(Der Wechsel zwischen [i] und [ɨ] in der lit. und ugs. Aussprache und der Wechsel [-e]/[-a] in der ugs. Aussprache ist geographisch verteilt.)

Tabelle 1

Vorstöße in diese Richtung unternahmen R. M. JONES (1964): 53-56, und die kymrische Schulbehörde (Welsh schools examining authority) in einer Serie von Broschüren (WJEC (1967): 9). Diese Versuche wurden vor allem durch die Erkenntnis der zunehmenden Kluft zwischen literarischen und nichtliterarischen Registern motiviert; eine Kluft, von der man ein wenig naiv glaubt, sie sei ein wesentlicher Beitrag zum Mißerfolg des Zweitsprachenlehrprogrammes in den Schulen und zum weitgehenden Analphabetentum kymrischer Sprecher in ihrer Muttersprache.

Während des gesamten neunzehnten Jahrhunderts war die Orthographie ein Konfliktfeld, nachdem ständig Komitees oder

Privatleute versuchten, die Schreibgewohnheiten zu standardisieren. Die Vereinheitlichung wurde erst dadurch vollständig erreicht, daß ein Komitee des Board of Celtic Studies eine Orthographievorschrift mit dem Titel **Orgraff yr Iaith Gymraeg** (1928) herausgab. Die meisten, aber nicht alle, seiner Empfehlungen waren sehr vernünftig. Die vielleicht fragwürdigste war die Annahme von fünf diakritischen Zeichen für verschiedene orthographische Zwecke. Die wichtigsten Verlagshäuser haben sich immer bemüht, die Regeln für ihre Verwendung zu beachten, aber "populäre" Veröffentlichungen, wie z. B. die Wochenzeitung **Y Cymro**, beachten sie entweder nicht oder wenden sie falsch an. Es wäre allerdings angesichts des dramatischen Rückganges der Zahl derer, die jetzt noch kymrisch lesen und schreiben können, gefährlich, sich auf weitere Reformen einzulassen.

Der folgende Abschnitt ist eine Version der Geschichte "Der Nordwind und die Sonne" in heutiger Orthographie. (Der phonetische Text repräsentiert die literarische Aussprache eines Sprechers aus dem Nordwesten. Die Hauptbetonung liegt im Kymrischen auf der Pänultima. Es ist daher nicht notwendig, die betonte Silbe der angeführten kymrischen Wörter zu bezeichnen, außer, die Betonung liegt nicht auf der vorletzten Silbe oder die Bezeichnung erscheint aus anderen Gründen zweckmäßig.):

Yr oedd Gwynt y Gogledd a'r Haul yn dadlau pa un oedd y
[ər oɨð gwɨnt ə gogleð aˑr haɨl ən dadlaɨ pa ɨn oɨð ə

cryfaf, pan ddaeth teithiwr heibio wedi ei lapio mewn
krəvav pan ðaɨθ teɨθjur heɨbjo wedi ei lapio meun

clogyn cynnes. Cytunasant i ystyried y cyntaf i lwyddo i
klogɨn kənes kətɨnasant i əsḍərjed ə kəntav i luɨðo i

wneud i'r teithiwr dynnu ei glogyn yn gryfach na'r llall.
wneɨd ir teiθjur dənɨ ei glogɨn ən grəvax nar ɬaɬ

Yna chwythodd Gwynt y Gogledd cyn gryfed ag y gallai, ond
əna xwəθoð gwɨnt ə gogleð kɨn grəved ag ə gaɬai ond

po fwyaf y chwythai po dynnaf y lapiai'r teithiwr ei glogyn
po vuɨav ə xwəθai po dənav ə lapiair teiθjur ei glogɨn

amdano; ac o'r diwedd rhoddodd Gwynt y Gogledd y gorau
amdano ak or diueð roðoð gwɨnt ə gogleð ə goraɨ

i'w ymdrechion. Yna tywynnodd yr Haul yn gynnes, ac ar
iu əmdrexjon əna təwənoð ər haɨl ən gənes ak ar

unwaith tynnodd y teithiwr ei glogyn. Ac felly bu raid i
ɨnwaiθ tənoð ə teiθjur ei glogɨn ak veɬɨ bɨ raid i

Wynt y Gogledd gyfaddef mai'r Haul oedd y cryfaf o'r ddau.
wɨnt ə gogleð gəvaðev mair haɨl oɨð ə krəvav or ðaɨ]

"Der Nordwind und die Sonne stritten sich, wer der Stärkste sei, als ein Reisender vorbeikam, der sich in einen warmen Mantel gehüllt hatte. Sie kamen überein, denjenigen für stärker als den anderen zu erachten, dem es als erstem gelänge, den

Reisenden zu veranlassen, seinen Mantel auszuziehen. Da blies der Nordwind so stark er konnte, aber je mehr er blies, desto enger wickelte der Reisende den Mantel um sich; und schließlich gab der Nordwind seine Bemühungen auf. Da schien die Sonne warm, und auf einmal zog der Reisende seinen Mantel aus. Und so mußte der Nordwind eingestehen, daß die Sonne der Stärkste von beiden sei."

3. Phonologie

3.1 Vokale

Das ursprüngliche Kymrisch erbte acht Vokale vom Spätbritannischen: /iˑ/, /e/, /a/, /o/, /u/, /ɨ/ (geschlossen, zentral, neutral), /ʉˑ/ (geschlossen, zentral, gerundet) und /ɔˑ/ (offen, hinten, gerundet). Nur drei davon /iˑ/, /ʉˑ/ und /ɔˑ/ hatten inhärente Länge. In betonten Silben (Endsilben und nicht-klitische Einsilbler) wurde /ɔˑ/ schon früh zu /au/ diphthongiert. In nichtletzten Silben fiel /ɔˑ/ mit /o/ zusammen, und die kurzen Vokale /u/ und /ɨ/ wurden zu [œ] bzw. [ə] geschwächt. (Die beiden letzteren fielen bald als ungerundetes [ə] zusammen.) Das neue Quantitätssystem, das sich früh im Urkymrischen bildete, konzentrierte sich auf die betonten Silben. In diesen Silben, vor Einzelkonsonant und Null, behielten die übrigen Langvokale (/iˑ/, /ʉˑ/) die ererbte Länge bei, während Kurzvokale (/e/, /a/, /o/, /ɨ/, /u/) gedehnt wurden: [tan] > [taˑn] "Feuer", [bɨd] > [bɨˑd] "Welt". Vor Konsonantengruppen und Doppelkonsonanten blieben die Kurzvokale erhalten, aber die Langvokale wurden gekürzt: [ʉˑrð] > [ʉrð] "Zunft", [triˑst] > [trist] "traurig". Dies schuf ein symmetrisches System, das in ererbten Einsilblern bis zum heutigen Tage kaum verändert wurde. Wenn die Vokallänge in Einsilblern kontrastiv ist (normalerweise vor /n/, /l/, /r/, /p/, /t/, /k/, /m/, /ŋ/), dann wird die Länge, mit ganz wenigen Ausnahmen, im heutigen geschriebenen Kymrisch orthographisch durch einen Zirkumflex bezeichnet: ⟨tân⟩ [taˑn] "Feuer" (vgl. ⟨tan⟩ [tan] "unter"). Die Entwicklung der Pänultimabetonung (neuntes bis elftes

Jahrhundert) führte zur Neutralisierung des Quantitätskontrastes in Endsilben (obgleich dieser Kontrast in hochstehender Dichtung künstlich bis in die frühe mittelkymrische Periode fortgesetzt wurde). Gleichzeitig entwickelte sich eine kontrastive Länge in der nun betonten vorletzten Silbe unter Bedingungen, die zumeist ähnlich waren wie jene, die bereits für die Einsilbler beschrieben wurden. Anders als beim orthographischen System der Längenmarkierung bei Einsilblern wird die Länge der vorletzten Silbe durch die folgende Silbengrenze angezeigt; sie ist kurz vor Konsonantengruppen, vor doppeltem ⟨n⟩, ⟨r⟩ und vor ⟨c⟩, ⟨ng⟩, ⟨ll⟩, ⟨m⟩, ⟨p⟩, ⟨s⟩, ⟨t⟩; lang vor Vokalen und den übrigen Konsonanten, z. B.

kurz	lang
⟨llecyn⟩ [ɫekɨn] "Platz"	⟨tegan⟩ [teˑgan] "Spielzeug"
⟨tonnau⟩ [tonˑaɨ] "Wellen"	⟨tonau⟩ [toˑnaɨ] "Töne"
⟨mamau⟩ [mamaɨ] "Mütter"	⟨pobi⟩ [poˑbi] "backen"
⟨llifio⟩ [ɫivjo] "sägen"	⟨llifo⟩ [ɫiˑvo] "fließen"
⟨carrai⟩ [karˑai] "Schnürsenkel"	⟨caru⟩ [kaˑrɨ] "lieben"

Vor ⟨l⟩ geht die Länge der vorletzten Silbe nicht aus der Schreibung hervor, z. B. ⟨calon⟩ [kalˑon] "Herz" (mit kurzem Vokal) aber ⟨calaf⟩ [kaˑlav] "Stengel" (mit langem Vokal). Das Graphem ⟨l⟩ kann (anders als ⟨r⟩ und ⟨n⟩) nicht verdoppelt werden, weil der Digraph ⟨ll⟩ ein anderes Phonem (/ɬ/) bezeichnet.

Im ugs. Kymrisch hat sich der Längenkontrast der vorletzten Silbe als weit weniger stabil erwiesen als jener in Einsilblern, wobei der Verlust des Kontrastes immer auf der Kürzung des Langvokales beruht. Der Vokal /ə/ ist jetzt in fast allen Dialektzonen kurz, unabhängig von der phonetischen Umgebung, und die Vokale /o/ und /e/ werden üblicherweise vor /θ/ und /f/ gekürzt (vgl. [peθe] "Dinge" mit [pe·θ] Sg. und [hofi] "mögen" mit [ho·f] "versessen auf"). Die meisten nördlichen Dialektarten scheinen sich auf einen vollständigen Verlust der ererbten Länge bei Vokalen der vorletzten Silbe (und damit der Längenopposition) zuzubewegen. Die negative Wirkung auf die Richtigkeit der Rechtschreibung ist nach Berichten der Schulprüfer sehr deutlich.

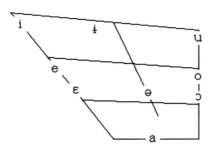

Tabelle 2

Die Vokalphoneme des heutigen Kymrischen (und ihre ungefähre Artikulationsposition) sind in Tabelle zwei verzeichnet. Der Wandel, der frühzeitig ursprüngliches /ǫ·/ veränderte, wurde bereits erwähnt, ebenso der Verlust der Lippenrundung bei /ʉ/. Dieser Verlust, der vielleicht am Anfang des achtzehnten Jahrhunderts vollendet war, bedeutete den phonetischen

Zusammenfall von /ʉ/ und /ɨ/. Den phonematischen Unterschied spiegelt immer noch die Tatsache wider, daß /ɨ/ unter bestimmten morphologischen Bedingungen mit /ə/ wechselt, was für /ʉ/ nicht zutrifft, z. B. [dɨ·n] ⟨*dyn*⟩ "Mann", [dənjon] ⟨*dynion*⟩ Pl., aber [lʉ·n] ⟨*llun*⟩ "Bild", [lʉnjaɨ] ⟨*lluniau*⟩ Pl. Die Aufhellung von /ɨ/, die nach Norden vordringt, wurde bereits angedeutet, sodaß für die Mehrzahl der Sprecher ⟨*hun*⟩ "Schlaf", ⟨*hŷn*⟩ "älter" und ⟨*hin*⟩ "Wetter" homophon sind: [hi·n]. Und sogar nördlich der [ɨ]/[i]-Grenze, tritt die vordere Realisation von /ɨ/ vor /j/ (⟨*cuddio*⟩ [kiðjo] "verstecken") und /g/ (⟨*tebyg*⟩ [tebig] "ähnlich") auf. Vom Standpunkt der Vokalqualität haben sich alle anderen Vokale als erstaunlich stabil erwiesen. Die Realisation wurde allerdings durch die Quantität beeinflußt. In den meisten Gebieten ist die Aussprache von kurzem /i/, /e/, /o/, /u/, /ɨ/ etwas offener und auch zentraler und die Aussprache von langem /a/ etwas weiter zurückgezogen. Die regionalen Schwankungen der Vokalqualität sind nicht besonders groß; die geographisch am weitesten verbreitete ist eine höhere und weiter vorn liegende Realisation von /a/ (vor allem, wenn es lang ist): ⟨*tad*⟩ [tæ·d] "Vater". Diese Isoglosse ist in T. DARLINGTON (1900-01) beschrieben und umfaßt einen großen Teil der Gebiete im mittleren und südlichen Osten.

3.2 Diphthonge

Es konnten ursprünglich vier Reihen von Diphthongen, deren hintere Elemente den Vokalen /i/, /ɨ/, /ʉ/ und /u/ entsprechen, gebildet werden. Nur drei davon haben – aus den bereits

beschriebenen Gründen - bis ins heutige Kymrisch überlebt. Es blieb also das folgende grundsätzliche Repertoire:
(a) /-i/: ⟨ei⟩ [ei], ⟨ai⟩ [ai], ⟨oi⟩ [oi]
(b) /-ɨ/: ⟨ey⟩ [eɨ], ⟨eu⟩ [eɨ], ⟨au⟩ [aɨ], ⟨oe⟩ [oɨ], ⟨ae⟩ [a·ɨ], ⟨wy⟩ [uɨ]
(c) /-u/: ⟨iw⟩ [iu], ⟨ew⟩ [eu], ⟨aw⟩ [au], ⟨ow⟩ [ou], ⟨yw⟩ [ɨu]/[əu], ⟨uw⟩ [ɨu]

In der nördlichen Aussprache hat die Länge eine beschränkte phonematische Funktion mit /aɨ/ in Einsilblern (es gibt einige Minimalpaare, z. B. [haɨl] ⟨haul⟩ "Sonne", [ha·ɨl] ⟨hael⟩ "großzügig"). Im selben Gebiet tritt die Länge allophonisch in Verbindung mit /oɨ/ und /uɨ/ (vgl. [ko·ɨd] ⟨coed⟩ "Bäume", [ɬu·ɨd] ⟨llwyd⟩ "grau" (in Einsilblern), aber [koɨden] ⟨coeden⟩ "Baum", [ɬuɨdo] ⟨llwydo⟩ "vermodern" (in mehrsilbigen Wörtern)) und /au/ (vgl. [ɬa·u] ⟨llaw⟩ "Hand" (in offenen Einsilblern), aber [ɬaur] ⟨llawr⟩ "Boden" (in allen anderen)) auf.

Es gibt Distributionsbeschränkungen, die auffälligste davon ist die fast gänzliche Beschränkung von ⟨ai⟩, ⟨au⟩ und ⟨yw⟩ [ɨu] auf Einsilbler und Endungen und von ⟨ei⟩, ⟨eu⟩ und ⟨yw⟩ [əu] auf die vorletzte Silbe. (Wie später gezeigt wird, bilden die entsprechenden Alternanzen Teil eines morphonologischen Systems.)

Die Unterschiede in der Realisierung zwischen lit. und ugs. Kymrisch und zwischen den Dialektzonen sind grundlegend. Der am weitesten verbreitete und offensichtlichste besteht aufgrund des Zusammenfalls von /i/ und /ɨ/, wodurch es in den südlichen Varianten des Kymrischen nur noch zwei Reihen gibt, eine mit /i/, die andere mit /u/. Es trat auch eine große Zahl von Monophthongisierungen auf, sowohl in betonten als auch in unbetonten Silben. Die Monophthongisierung von ⟨ai⟩, ⟨au⟩ und ⟨ae⟩ in unbetonten Endungen wurde bereits erwähnt. Das Produkt ist [a] (Nordwesten und Südosten) und [e] (Südwesten und Nordosten): [dimai] ⟨*dimai*⟩ "halber Penny" > [dima] / [dime], [peθai] ⟨*pethau*⟩ "Dinge" > [peθa] / [peθe], [ga·vail] ⟨*gafael*⟩ "Griff" > [gaval] / [ga·vel]. Zu anderen recht weit verbreiteten Monophthongierungen zählen die von ⟨ae⟩ in Einsilblern zu [a·] (vor allem in den südlichen Varianten): [ha·l] ⟨*hael*⟩ "großzügig", ⟨oe⟩ (in einem Großteil des Südens) in Einsilblern zu [o·]: [po·n] ⟨*poen*⟩ "Schmerz" und (im gleichen Gebiet) ⟨ae⟩, ⟨eu⟩ und ⟨ei⟩ in nichtletzten Silben zu [i(·)]: [gwi·di] ⟨*gwaedu*⟩ "bluten", [gwi·ði] ⟨*gweiddi*⟩ "schreien", [ti·li] ⟨*teulu*⟩ "Familie".

3.3 Konsonanten

Die unterschiedenen Konsonanten des Kymrischen sind in Tabelle 3 verzeichnet.
Zeichen in Klammern repräsentieren morphonologische und phonosyntaktische Varianten. Die stimmlosen Nasale /m̥/, /n̥/, /ŋ̊/ treten am Wortanfang nur als morphonologische Varianten von /m/, /n/, /ŋ/ auf und sind von Aspiration gefolgt. (Das morphonologische System wird später besprochen.) In der Standardorthographie wird die entstehende Gruppe durch ⟨mh⟩, ⟨nh⟩ und ⟨ngh⟩ bezeichnet: [pen] ⟨*pen*⟩ "Kopf" > [və m̥hen] ⟨*fy mhen*⟩ "mein Kopf", [ta·d] ⟨*tad*⟩ "Vater" > [və n̥ha·d] ⟨*fy nhad*⟩ "mein Vater", [ki·] ⟨*ci*⟩ "Hund" > [və ŋ̊hi·] ⟨*fy nghi*⟩ "mein Hund". Die Distribution von /ʍ/ und /ç/ ist sehr beschränkt; sie treten nur als morphonologische Varianten

	bilabial	labiodental	dental	alveolar	lateral	palato-alveolar	palatal	velar	glottal
Plosive	p b			t d				k g	
Affrikaten						tʃ dʒ			
Frikative		f v	θ ð	s z	ɬ	ʃ		x	h
Liquiden				r̥ r	l				
Nasale	(m̥) m			(n̥) n				(ŋ̥) ŋ	
Glides	(w̥) w						(ç) j		

Tabelle 3

von /w/ und /j/ hinter ⟨ei⟩ "ihr (f. Sg.)" auf. Orthographisch wird dies durch einen ⟨h⟩-Vorschlag vor ⟨w⟩ und ⟨i⟩ dargestellt (vgl. [jaiθ] ⟨iaith⟩ "Sprache" und [watʃ] ⟨wats⟩ "Uhr", aber [i çaiθ] ⟨ei hiaith⟩ "ihre Sprache", [i w̥atʃ] ⟨ei hwats⟩ "ihre Uhr"). Auch die Konsonanten /r̥/ und /r/ waren ursprünglich morphonologische Varianten, aber aufgrund der Entlehnungen von Wörtern mit /r/, wie z. B. [ruber] ⟨rwber⟩ "Gummi", muß ihnen nun ein unabhängiger phonematischer Status eingeräumt werden. Entlehnung ist auch der Grund für die Erweiterung des Konsonantenrepertoires um /dʒ/ ([dʒug] ⟨jwg⟩ "Kanne"), /tʃ/

([watʃ] ⟨wats⟩ "Uhr") und /ʃ/ ([ʃop] ⟨siop⟩ "Geschäft"); allerdings entstanden diese in manchen Dialekten auch allophonisch als ein Produkt der Zusammenziehung, z. B. [esgidjaɨ] ⟨esgidiau⟩ "Schuhe" > [sgidʒe] / [sgitʃe], [asjo] ⟨asio⟩ "verbinden" > [aʃo]. Das entlehnte Phonem /z/ tritt normalerweise nur in den südlichen Dialektvarianten auf: [zebra] "Zebra", [zu·] "Zoo". Im nördlichen Wales wird generell /s/ substituiert, und im lit. Kymrisch wird das Graphem ⟨s⟩ verwendet: ⟨sebra⟩, ⟨sw⟩.

Eine bemerkenswerte Eigenschaft der stimmhaften Plosive und Frikative ist ihre teilweise oder völlige Stimmlosigkeit in initialer und finaler Position. Der englische Übername für einen Waliser, **Taffy** (vom sehr häufigen Vornamen **Dafydd** [davið]) illustriert dies. Die Entsonorisierung aufgrund des Aneinandertretens von Konsonanten zeigt sich an der Schreibung von Zusammensetzungen, wie z. B. ⟨utgorn⟩ "Trompete" (< **ud-gorn**), ⟨popeth⟩ "alles" (< **pob-peth**), ⟨gwrthrych⟩ "Objekt" (< **gwrth-ddrych**), ⟨gwnaethpwyd⟩ "wurde getan" (< **gwnaeth-bwyd**). Derartige Sandhi-Erscheinungen lassen sich gut an den Regeln der "**cynghanedd**", den Konsonanzregeln der kymrischen Dichtung, erkennen. Dabei kreuzt der Sandhi die Wortgrenze, z. B. muß das ⟨-g g-⟩ in der NP ⟨ddraig goch⟩ "roter Drache", infolge der Entsonorisierung, durch ein ⟨c⟩ [k] später in der Zeile wiederaufgenommen werden: **Y ddraig goch ddyry gychwyn**. "Der rote Drache bereitet sich vor, vorzurücken." In der heutigen kymrischen Aussprache werden die Wortgrenzen nicht entsonorisiert, außer unter sehr eingeschränkten Umständen.

Eine der auffälligeren Änderungen im Konsonantensystem der Dialektvarianten des Südostens (und der angrenzenden Bereiche) war der Verlust des /h/, der nicht nur Wörter mit diesem Phonem betraf, sondern auch die Homophonisierung von /r̥/ mit /r/, /ʍ/ mit /w/, /ç/ mit /j/ und der stimmlosen mit den stimmhaften Nasalen verursachte. Ein weiterer instabiler Laut im ugs. Kymrisch ist das /v/. Sein Auftreten am Wortende von mehrsilbigen Wörtern ist ein Indikator des Registers zwischen gesprochenem lit. Kymrisch und allen anderen Registern des gesprochenen Kymrisch. Die synthetischen Superlative (lit. kymr. [tekav] ⟨*tecaf*⟩ "am hübschesten", ugs. kymr. [teka]) und die 1. Sg. Präsens flektierter Verben (lit. kymr. [gweˑlav] ⟨*gwelaf*⟩ "ich sehe", ugs. kymr. [gweˑla]) sind von dieser Entwicklung betroffen. Im Südwesten ist /ð/ am Wortende von mehrsilbigen Wörtern ebenfalls instabil (lit. kymr. [mənɨð] ⟨*mynydd*⟩ "Berg", ugs. kymr. [miˑni].

In ursprünglichen Erbwörtern ist die Distribution der Konsonanten einigen positionellen und phonotaktischen Beschränkungen unterworfen. Beispielsweise treten stimmlose Plosive nur ganz ausnahmsweise in finaler VC-Position auf, und gewisse Gruppen (z.B. /r/ oder /l/ + Plosiv) sind unzulässig, außer in Zusammensetzungen. Epenthese in einigen wortschließenden Gruppen ist ein Indikator des nichtlit. Kymrisch, z. B. [pobl] ⟨*pobl*⟩ "Leute" > [pobol]. Andauernde Entlehnung aus dem Englischen seit den frühesten Tagen des Kontaktes hat zur schrittweisen Untergrabung der ererbten Beschränkungen geführt, sodaß in der heutigen, völlig zweisprachigen Situation die einzig verbleibenden Beschränkungen jene sind, die auf das Cambro-Englische zutreffen.

3.4 Dynamischer Akzent und Hochton

Der ererbte kymrische Akzent liegt auf der vorletzten Silbe, und eine Suffigierung verlagert den Wortakzent auf die neue Pänultima: [kə'muɨnas] ⟨cymwynas⟩ "Gefallen", [kəmuɨn'asgar] ⟨cymwynasgar⟩ "hilfsbereit", [kəmuɨnas'ga·rux] ⟨cymwynasgarwch⟩ "Hilfsbereitschaft". Die Verschmelzung von Stämmen, die auf Vokal enden, mit Suffixen, die mit Vokal beginnen, führte zu einer Anzahl von Wörtern mit Endbetonung, z. B. [kəv'leɨs] ⟨cyfleus⟩ "bequem" (cyfle-us); aber eine weitere Suffigierung stellt das dominierende Betonungsmuster wieder her: [kəv'leɨsdra] ⟨cyfleusdra⟩ "Bequemlichkeit". Im ugs. Kymrisch hat die Pänultimabetonung zu weitverbreiteter Aphärese geführt: [de·rin] ⟨aderyn⟩ "Vogel", [va·le] ⟨afalau⟩ "Äpfel", [fe·dog] ⟨arffedog⟩ "Schürze", [da·feð] ⟨edafedd⟩ "Fäden", [sgidje] ⟨esgidiau⟩ "Schuhe". Der Hochton liegt auf der Endsilbe, Apokope ist daher ein seltenes Phänomen. Es tritt vor allem dann auf, wenn die entstehende Konsonantengruppe aus einer alveolaren Liquida und einem alveolaren Plosiv besteht: ⟨mynd⟩ "gehen" (< myned), ⟨gweld⟩ "sehen" (< gweled), ⟨ond⟩ "aber" (< onid), ⟨llond⟩ "voll" (< llonaid). Zwei andere Folgen des Hochtones auf der Endsilbe könnten angemerkt werden. Zum ersten wird es in der kymrischen Dichtung akzeptiert, wenn die unbetonte Endsilbe die einzige reimende Silbe darstellt, z. B. [tənɨ] ⟨tynnu⟩ - [ka·rɨ] ⟨caru⟩ - [kla·ðɨ] ⟨claddu⟩; [təmor] ⟨tymor⟩ - [agor] ⟨agor⟩. Zum zweiten gibt es die Tendenz im ugs. Kymrisch, daß die "betonte" vorletzte Silbe in einigen sehr häufigen Wörtern, die normalerweise nicht den Satzakzent tragen, verschwindet: ⟨to⟩ < ⟨eto⟩ "wieder", ⟨ma⟩ < ⟨dyma⟩ "hier ist", ⟨ma⟩ < ⟨yma⟩ "hier", ⟨fyd⟩/⟨ed⟩ <

⟨hefyd⟩ "auch", ⟨na⟩ ⟨ ⟨dyna⟩ "dort ist", ⟨cw⟩/⟨co⟩ ⟨ ⟨acw⟩ "dort".

Der Wort-Hochton tritt unabhängig von der Satzintonation auf. Dies trifft sowohl dann zu, wenn Betonung und Hochton zusammenfallen (wie es bei betonten Einsilblern und bei den wenigen endbetonten Wörtern der Fall ist), als auch, wenn sie auf Pänultima und Ultima aufgeteilt sind. In bezug auf den Höreffekt gibt O. H FYNES-CLINTON (1913): xii folgende subjektive Beschreibung der nordwestlichen Region:

> Kymrisch wird in diesem Gebiet höher gesprochen als Englisch. Die Silbe nach der Betonung hat die Tendenz zu steigen und wird viel stärker ausgesprochen als im Englischen, aber längst nicht so stark wie im Französischen.

Die sehr geringe Zahl der bis heute über die kymrische Intonation publizierten Artikel beschäftigt sich fast zur Gänze mit der Methodologie und vor allem damit, die derzeitige englische analytische Terminologie durch kymrische Beispiele zu exemplifizieren. Daher wird hier nur in groben Zügen eine Darstellung der Intonation, die mit den hauptsächlichen Satztypen verbunden ist, versucht. Neutrale Aussagesätze (VSO-Stellung) und erklärende Aussagesätze (inverse Stellung) haben beide hochfallenden Ton: *Gwelais John ddoe.* "Ich sah John gestern." *John Jones a roddodd ergyd iddo.* "John Jones schlug ihn." Der Tonhöhenverlauf einer kontrastiven Betonung (immer inverse Stellung) ist hoch-niedrig-mittel: *John a dorrodd y ffenestr.* "(Es war) John, der das Fenster zerbrach.". Befehle haben mittlere

Tonhöhe: *Dos ar unwaith!* "Geh sofort!" Verbale Fragen, sowohl neutrale als auch gegenüberstellende sind tief-steigend: *A welaist ti John ddoe?* "Hast du John gestern gesehen?" *Ai John welaist ti ddoe?* "(War es) John, den du gestern gesehen hast?" Fragen mit Fragewort sind hoch-fallend: *Pwy a dorrodd y ffenestr?* "Wer hat das Fenster zerbrochen?" und Anrufungen und Ausrufe sind mittel-fallend: *Duw a dy helpo di!* "Möge dir Gott helfen!" *Y nefoedd sy'n gwybod!* "Weiß der Himmel!" Subjektiv erscheint es dem Autor, daß die Abstände zwischen den hohen, mittleren und tiefen Punkten der Intonationsskala bei den südlichen Dialektvarianten größer sind als bei den nördlichen, und auf den ersteren Varianten beruht normalerweise der cambro-kymrische Bühnen-Akzent.

3.5 Systemveränderungen

Einige Veränderungen aufgrund der englischen Interferenz wurden bereits erwähnt. In der gegenwärtigen Situation vollständiger Zweisprachigkeit werden zeitgenössische umgangssprachliche Wortenlehnungen phonologisch nicht an das ererbte System assimiliert. Mit anderen Worten, sie behalten unverändert die phonologische Form, die sie im Cambro-Englischen haben. Die Distribution von /ə/ zeigt dies. Im ererbten System kommt /ə/ in lexikalischen (d. h. nicht klitischen) Einsilblern oder in unbetonten Endungen nicht vor. In zeitgenössischen Entlehnungen andererseits tritt /ə/ in diesen Positionen auf: [bəs] "Bus" < engl. *bus*, [fən] "Spaß" < engl. *fun*, [fəs] "Aufregung" < engl. *fuss*, [kondəktə(r)] "Schaffner" < engl. *conductor*. (Die Substitution von [ə] für RP [ʌ] in diesen

Wörtern ist eine normale Erscheinung der cambro-englischen Aussprache.) Den Kontrast zwischen zeitgenössischen und älteren Entlehnungen zeigt die folgende Liste von Wörtern, wie sie in einem Gebiet in West Glamorgan auftreten: (a) enthält ältere, assimilierte Entlehnungen, (b) zeitgenössische Entlehnungen:

(a) Kymrisch: [labrer] [baˑker] [poˑker]
    Cambro-Englisch: [ˈleˑbərə(r)] [beˑkə(r)] [poˑkə(r)]
        labourer   *baker*   *poker*
        "Arbeiter" "Bäcker" "Schürhaken"

(b) Kymrisch:
              } [dʒəmpə(r)] [rəbə(r)] [kondəktə(r)]
    Cambro-Englisch:
        jumper   *rubber*   *conductor*
        "Überjacke" "Gummi" "Schaffner"

Auch die Distribution der Länge wurde durch Entlehnung beeinflußt. Die Sprachlaute [ɛ] und [ɔ] waren im ererbten System kurze Allophone von /e/ und /o/. Jetzt aber treten sie in Lehnwörtern, wie [fɛˑr] "Fahrgeld, Fahrpreis" < engl. *fare*, [fɔˑn] "rehfarbig" < engl. *fawn* und [brɔˑn] "Schweinesülze" < engl. *brawn*, lang auf. Heutzutage bleibt auch die Betonung auf der Silbe, auf welcher sie in der Sprache liegt, aus der entlehnt wird, auch wenn ein ererbtes VN-Suffix angehängt wird. (Die Beispiele entsprechen nordwestlicher Aussprache):

 [ˈkonsəntretjo] "konzentrieren" < engl. *to concentrate*, [ˈsərviʃo] "überholen" < engl. *to service*, [ˈopəretjo] "funktionieren" < engl. *to operate*. Diese stehen im Gegensatz zu den älteren Entlehnungen mit der assimilierten Pänultima-Betonung, wie z. B. [noˈtiʃo] "bemerken" < engl. *to notice*.

3.6 Morphonologische Alternation

Ein Merkmal des Kymrischen, wie auch anderer neukeltischer Sprachen, sind die morphologisch, syntaktisch und lexikalisch bedingten Lautwechsel. In einer früheren Sprachphase waren diese Wechsel phonetisch bedingt und überschritten die Wortgrenze. So veränderte sich die Phrase */merka teka/ "hübsches Mädchen" im Spätbritannischen zu */merkʹa dega/. (D. h. es wurde nicht nur /k/ > /g/ zwischen Vokalen, sondern auch /t/ > /d/ in ähnlicher Position, wobei im zweiten Falle der erste beteiligte Vokal das Ende des vorhergehenden Wortes war.) Andererseits wurde */donjos tekos/ "hübscher Mann" > spätbrit. */donjos tegos/, das /t/ am Wortanfang blieb hier unverändert, weil das vorangehende Wort auf einen Konsonanten endete.

Die Anhebung dieses phonetischen Wechsels zu höherem Status wurde durch nachfolgende phonologische Änderungen verursacht, in diesem Falle durch den Verlust der spätbritannischen Endsilben. Das bedeutete, daß in den resultierenden kymrischen Phrasen (<*merch deg*> und <*dyn teg*>) der Wechsel /teg/ : /deg/ nicht mehr phonetisch bedingt ist, weil ja beide Formen nach Konsonanten auftreten.

Es gibt zwei positionelle Typen morphonologischer Alternation, im Wortanlaut und im Wortinlaut.

3.6.1. Alternationen des Wortanlauts

In normativen Grammatiken werden diese mit dem ungeeigneten Ausdruck "Mutationen" (kymr. **treigladau**) bezeichnet. (Der deutsche Ausdruck wird auch in bezug auf einen Typ innerer Vokalveränderungen verwendet.) Es gibt drei Arten initialer Mutationen, die nach ihren phonetischen Effekten benannt werden: SM (Lenition = engl. *Soft Mutation*), NM (Nasalierung = engl. *Nasal Mutation*) und AM (Aspirierung = engl. *Aspirate Mutation*). Jede Art hat eigene auslösende Regeln, obgleich nicht jede der phonetischen Veränderungen, die bei den einzelnen Arten angegeben sind, durch jede Regel verursacht werden. Nur eine Auswahl der Regeln kann hier diskutiert werden. Es gibt vollständige Listen in D. S. EVANS (1964): 14-23 für das Mittelkymrische und in S. J. WILLIAMS (1959): 231-35 für das moderne Kymrisch. Die genaueste diachrone Beschreibung gibt T. J. MORGAN (1952).

Der hauptsächliche Auslösemechanismus aller drei Arten ist lexikalischer Natur, z. B. **dan** "unter" (SM): **pont** "Brücke", **dan bont**; **fy** "mein" (NM): **fy mhont**; **ei** "ihr" (AM): **ei phont**. Die Wirkung rein lexikalischer Auslösung erstreckt sich nicht über das unmittelbar folgende Wort hinaus; vgl.:

Daeth adref gyda chi, cath, ceffyl ...
Kam-er nach-Hause mit Hund, Katze, Pferd ...
"Er kam mit einem Hund, einer Katze, einem Pferd nach Hause."

Die AM, die durch die Präposition **gyda** ausgelöst wird, betrifft hier nur **ci** (> **chi**). Mutationen dienen manchmal zur

Unterscheidung von Homonymen, z. B. Genitivpronomen der 3. Pers. Sg. m.: *ei* (SM): *ei gi* (< *ci* "Hund"); Genitivpronomen der 3. Pers. Sg. f.: *ei* (AM): *ei chi*. Die lexikalische Auslösung kann grammatischen Regeln unterworfen sein. Der bestimmte Artikel y(r) und das Zahlwort *un* "ein" lenieren ein folgendes Substantiv, aber nur dann, wenn es ein Femininum im Sg. ist: *un ferch* (< *merch* "Tochter"), vgl. *un mab* (< *mab* "Sohn, Knabe"). Die grammatische Auslösung kann unabhängig von der Lexis auftreten; jedes weibliche Substantiv im Singular leniert ein folgendes Adjektiv: *merch dal* < *tal* "groß". In diesem Falle erstreckt sich die Mutation auf jedes unmittelbar anschließende Adjektiv, z. B. *merch dal, brydferth* (< *prydferth* "hübsch"). Diese Ausdehnung ist aber kein zwingendes Merkmal aller grammatikalisch ausgelösten Mutationen. Die SM des Objektes eines flektierten Verbs betrifft nur die unmittelbar folgende Objekt-NP. Weitere Objekt-NPs sind nicht betroffen: *Gwelais ferch, mab, ci, cath* ... "Ich sah ein Mädchen, einen Knaben, einen Hund, eine Katze ... (Nur die erste Objekt-NP, *merch*, wird leniert.) Bei der Mutation dominiert die nächste auslösende Regel. So hat z. B. die Regel des bestimmten Artikels (infolge der größeren Nähe) größere Priorität als die "Objektlenierungsregel. So heißt es *Gwelais fab*. "Ich sah einen Knaben.", aber *Gwelais y mab*. "Ich sah den Knaben.".

3.6.1.1. Lenition (SM)

Folgende orthographische Veränderungen ergeben sich:

⟨p⟩ > ⟨b⟩   ⟨b⟩ > ⟨f⟩   ⟨m⟩ > ⟨f⟩
⟨t⟩ > ⟨d⟩   ⟨d⟩ > ⟨dd⟩   ⟨ll⟩ > ⟨l⟩
⟨c⟩ > ⟨g⟩   ⟨g⟩ > Null   ⟨rh⟩ > ⟨r⟩

Die Lenition ist bei weitem die häufigste Mutation, sowohl was die Zahl der betroffenen Phoneme betrifft als auch im Hinblick auf die Auslösesituationen. Analogie hat zu ihrer Ausbreitung stark beigetragen. Im Spätbritannischen lösten ursprünglich nur Präpositionen (wie *i* "zu", *trwy/drwy* "durch", *o* "von") und Präfixe (wie *di-*, *am-*), die auf einen Vokal endeten, SM aus. Sie hat sich aber innerhalb dieser Klassen auf einige Formen ausgedehnt (*dros* "über", *gor-*), die nicht auf einen Vokal endeten. SM des S (Subjekts) und O (Objekts) nach V (flektiertem Verb) exemplifizieren den analogischen Rückgang und die Ausdehnung. Die eingeschränkte SM des S im Mittelkymrischen verschwand mit der Zeit, die SM des O (im Mittelkymrischen eingeschränkt) wurde mit der Zeit eine feste Regel. SM des Adverbs (auch unabhängig von der Lexis) stellt, obwohl den Normalfall, immer noch keine feste Regel dar; sowohl *Blwyddyn y bûm yno* als auch *Flwyddyn y bûm yno*. "Ein Jahr (war es, daß) ich da war." sind grammatikalisch korrekt.

Jede Unterbrechung oder Inversion der Stellung der Grundkonstituenten bewirkt Lenition der nach rechts verschobenen Konstituenten. Der Einschub von ADV (Adverb) zwischen V und S leniert S: *Yr oedd merch yno*. "Dort war ein Mädchen.", aber *Yr oedd*

yno ferch. Die Inversion der normalen Head+Modifier-Ordnung der NP leniert das Head: **llu nefol** "himmlische Heerschar", aber **nefol lu**. Modifier + Head ist normalerweise ein Indikator für das poetische Register, aber bei einer kleinen Zahl von Adjektiven, unter ihnen **hen** "alt", ist es die Normalstellung: **yr hen ddyn** "der alte Mann" (< **dyn** "Mann"). Zahlwörter und einige Pronomina gehen dem Head in normaler Syntax voraus: **tri dyn** "drei Männer", **llawer dyn** "viele Männer". Die Inversion leniert das rechtsverschobene Zahlwort oder Pronomen: **tri dyn** "drei Männer", aber **dynion dri**, **llawer dyn** "viele Männer", aber **dynion lawer**.

Die Inversionsregel dient als Unterscheidungsmerkmal zwischen dem, was in der kymrischen grammatischen Terminologie als "reguläre" (d. h. Modifier + Head) und "irreguläre" (d. h. Head + Modifier) Zusammensetzungen bezeichnet wird. Bei den ersteren wird, einige phonologische Einschränkungen ausgenommen, das zweite Morphem regulär leniert: **dwrgi** "Otter" (< **dŵr** "Wasser" + **ci** "Hund"), **mynydd-dir** "Hügelland" (< **mynydd** "Berg" + **tir** "Land"). In irregulären Zusammensetzungen tritt die normale syntaktische Veränderung des zweiten Morphems ein. So steht **da** "gut" in **gwrda** "Adeliger" in der Grundform (weil **gŵr** "Mann" m. ist), aber in **gwreigdda** in der lenierten Form (weil **gwraig** "Frau" f. ist). In Head + Modifier-NPs mit dem Head im Sg. ist die SM das Unterscheidungsmerkmal zwischen phraseologischen Zusammensetzungen, **potel laeth** "Milchflasche" (< **potel** "Flasche" + **llaeth** "Milch") und NPs aus Substantiv und attribuiertem Substantiv: **potel babi** "die Flasche des Babys" (< **babi** "Baby").

In manchen Zusammenhängen betrifft die SM nicht die ganze Liste der mutierbaren Phoneme. Nach **saith** "sieben" und **wyth** "acht" werden nur ⟨p⟩, ⟨t⟩ und ⟨c⟩ mutiert. Die Beschränkungen der SM von ⟨ll⟩ und ⟨rh⟩ sind ziemlich zahlreich. Sie betreffen einige Auslösemorpheme auf -r und -n, z. B. der bestimmte Artikel y(r): y rhaw "die Schaufel", y llaw "die Hand" (obwohl rhaw und llaw f. Sg. sind); die adverbiale und prädikative Partikel yn: yn llawn (< llawn "voll", vgl. yn dda (< da "gut")); die Äquativpartikel cyn und die Äquativ- und Intensivpartikel mor: cyn llawned "so voll" (< llawn, vgl. cyn goched (< coch "rot")), mor llawn "so voll" (vgl. mor goch). Die SM ist im Kymrischen immer noch produktiv, ihre Produktivität zeigt die Tatsache, daß diese Einschränkungen im ugs. Kymrisch nicht mehr gelten. Ihre Produktivität zeigt sich auch an der Ausweitung der SM auf das entlehnte Phonem /tʃ/: [tʃips] "Pommes frites", [bag o dʒips] "eine Tüte Pommes frites", eine Mutation, die weder orthographisch bezeichnet noch in konventionellen Grammatiken angegeben wird.

3.6.1.2. Nasalierung (NM)

Folgende orthographische Veränderungen ergeben sich:

⟨p⟩ > ⟨mh⟩   ⟨b⟩ > ⟨m⟩
⟨t⟩ > ⟨nh⟩   ⟨d⟩ > ⟨n⟩
⟨c⟩ > ⟨ngh⟩   ⟨g⟩ > ⟨ng⟩

Diese Mutation tritt nur sehr selten auf. Das vollständige System tritt nur nach der Präposition yn "in": ym mhlas (< plas "Palast"), und nach fy "mein" auf: fy mhen (< pen "Kopf"). Wie man an der orthographischen Darstellung von **yn** sieht, ist die Assimilation reziprok, wobei die historische Reihenfolge der Angleichung Nasal an Plosiv und dann Plosiv an Nasal war. Was **ſy** betrifft, so ist der auslösende Nasal verschwunden. Eingeschränkte NM tritt nach dem Negationspräfix **an-** auf. Nur ⟨p⟩, ⟨t⟩, ⟨c⟩ und ⟨d⟩ sind betroffen, z. B. **annheg** (< **teg** "gerecht"). Bei den Phonemen /b/ und /g/ hat die produktive SM die NM verdrängt, vgl. **anſodlon** < **bodlon** "zufrieden". Die NM nach **saith** "sieben" und einigen anderen Zahlwörtern erlitt massive Einschränkung und tritt jetzt nur noch bei **blynedd** "Jahr", **blwydd** "Jahr (des Alters)" und **diwrnod** "Tag" auf: **saith mlynedd**.

3.6.1.3 Aspirierung (AM)

Folgende orthographische Veränderungen ergeben sich:

⟨p⟩ > ⟨ph⟩   V > hV
⟨t⟩ > ⟨th⟩
⟨c⟩ > ⟨ch⟩

Die AM ist die einzige Initialmutation, die auch Vokale betrifft (die Glides /w/ und /j/ eingeschlossen). Vollständig tritt sie nur nach dem Genitivpronomen **ei/'i/'w** (3. Sg. f.) ein: **ei chi** "ihr Hund" (< **ci**), **i'w hewythr** "ihrem Onkel" (< **ewythr**). Nur V > hV tritt nach den Genitivpronomina **'m** (1. Sg.), **ein/'n** (1. Pl.), **eu/'u** (3. Pl.), und den Akkusativpronomina **ym/'m** (1. Sg.), **ei/'i /s** (3. Sg.), **yn/'n** (1. Pl.), **eu/'u/s** (3. Pl.) auf: **a'm hafal** "und mein Apfel" (< **afal**), **Nis hatebais.** "Ich antwortete ihm/ihr nicht." (< **atebais**). Nur die

Konsonanten werden von **tri** "drei", **chwe** "sechs", **a** "und", **â** "mit, wie", **gyda** "mit", **tua** "zu" und **tra** "sehr" beeinflußt. Die Negationspartikeln **ni/na**, die Interrogativpartikel **oni**, die Subordinationspartikel **oni** "bis, wenn nicht" aspirieren nur ⟨p⟩, ⟨t⟩ und ⟨c⟩: **Ni chanaf**. "Ich werde nicht singen." (< **canaf**), lenieren aber ⟨b⟩, ⟨d⟩, ⟨g⟩, ⟨ll⟩, ⟨m⟩ und ⟨rh⟩: **Ni lefais**. "Ich weinte nicht." (< **llefais**). Diese Mischung von Mutationen zeigt Spuren des sehr frühen Systems der Markierung von zusammengesetzten Verben durch AM in Haupt-/Aussagesätzen und durch SM in Relativsätzen (T. A. WATKINS (1982): 41-42).

3.6.1.4 Mutation in der derzeitigen zweisprachigen Situation

Ein Großteil des kymrischen Wortschatzes ist von den Initialmutationen nicht betroffen; Wörter, die mit (nicht-lateralem) Frikativ oder Sibilant beginnen, sind immun, und vokalisch anlautende Wörter sind nur peripher betroffen. Daher ist ihre funktionelle Rolle nicht entscheidend. Dennoch hat sich das System im lit. Kymrisch mit nur sehr geringen Veränderungen bis auf den heutigen Tag bewahrt. Im ugs. Kymrisch scheint der Verlust der Mutationen ein frühes Opfer der Zweisprachigkeit zu sein. Das Kymrisch des Schriftstellers JOHN EDWARDS (17. Jahrhundert) verdeutlicht dies. Seine Heimat Gwent war damals zweisprachig geworden, und dieser Tatsache schreibt W. J. GRUFFYDD (1926): 131 seine Mutationsfehler zu. Seine "Syntax und Grammatik", sagt GRUFFYDD, "sind so gut ... wie die irgendeines seiner Zeitgenossen". Im folgenden Abschnitt aus EDWARDS Werk sind jene Buchstaben, bei denen die Mutation vergessen wurde, in Konturschrift gesetzt:

Ond Syr beth y debygwch chwi am Pregethwr a Glywais i yn dywedyd fal hyn, na feiddie ef Gynghori neu perswadio pechaduriaid i Gredu fod eu pechodau wedi eu maddeu iddint, cyn y gwelei ef ynddynt Gwellhaad buchedd rhag iddint Gymmeryd fwy o Rhyddid i bechu.

"Aber, Herr, was denkt Ihr über einen Prediger, den ich solchermaßen reden hörte, daß er es nicht wage, den Sündern zu raten oder sie im Glauben zu bestärken, daß ihnen ihre Sünden vergeben seien, bevor er bei ihnen eine Besserung des Verhaltens bemerkt, damit sie sich nicht größere Freiheit zu sündigen herausnähmen"

In der heutigen Umgangssprache ist der fast vollständige Verlust der NM und AM sehr verbreitet, und die Anwendung der SM wurde zunehmend willkürlich. Der Effekt auf den Standard im lit. Kymrisch ist vorhersehbar: **Treiglo gwael** "schlechtes Mutieren" ist eine ständige Klage von Verlegern, Preisrichtern, Prüfern und Lehrern.

3.6.2 Veränderungen im Inlaut

Diese werden durch die Suffigierung ausgelöst. Es gibt drei Klassen, zwei vokalische ("Vokalmutation" (**gwyriad** nach kymrischer Terminologie) und "i-Umlaut" (**affeithiad y goben**)) und eine konsonantische ("Verhärtung" (treiglad caled)).

3.6.2.1 Vokalmutation

Diese wird durch das Antreten von Suffixen ausgelöst. Die betroffenen Vokale sind ⟨y⟩ [ɨ] und ⟨w⟩ und die Diphthonge ⟨au⟩, ⟨ae⟩, ⟨ai⟩, ⟨yw⟩ [ɨu] und, in einem geringeren Ausmaß, ⟨aw⟩ und ⟨uw⟩. Das Antreten eines Suffixes an eine Silbe, in der diese Vokale den Kern bilden, veranlaßt diese, sich in der folgenden Weise zu verändern: ⟨y⟩ > ⟨y⟩ [ə], ⟨w⟩ > ⟨y⟩ [ə], ⟨ae⟩ > ⟨ae⟩ [eɨ], ⟨au⟩ > ⟨eu⟩, ⟨ai⟩ > ⟨ei⟩, ⟨yw⟩ > ⟨yw⟩ [əu], ⟨aw⟩ > ⟨o⟩, ⟨uw⟩ > ⟨u⟩: ⟨dyn⟩ [dɨ·n] "Mann", ⟨dynion⟩ [dənjon] Pl.; ⟨cwm⟩ "Tal", ⟨cymoedd⟩ [kəmoɨð] Pl.; ⟨haul⟩ "Sonne", ⟨heulog⟩ "sonnig"; ⟨dimai⟩ "halber Penny", ⟨dimeiau⟩ Pl.; ⟨byw⟩ [biu] "lebend", ⟨bywyd⟩ [bəuɨd] "Leben"; ⟨brawd⟩ "Bruder", ⟨brodyr⟩ Pl.; ⟨buwch⟩ "Kuh", ⟨buchod⟩ Pl. Wie man sieht werden zwei der Vokalmutationen (⟨y⟩ [ɨ] > ⟨y⟩ [ə] und ⟨ae⟩ [a·ɨ] > ⟨ae⟩ [eɨ]) orthographisch nicht bezeichnet. Im Falle der letztgenannten Veränderung erwähnt die normative Grammatik nicht einmal ihre Existenz. Die Vokalmutation hat, wie alle medialen Veränderungen, nur zusätzliche grammatikalische Funktion. Sie war einst produktiv genug, um in Lehnwörtern aufzutreten, z. B. clwb "Club", clybiau Pl., ffair "Jahrmarkt", ffeirio "tauschen", ist es aber jetzt nicht mehr.

3.6.2.2 I-Umlaut

Dieser wird durch Suffixe, die die Vokale ⟨i⟩ und ⟨y⟩ /i/ und, in sehr viel geringerem Ausmaß, ⟨u⟩, ⟨ai⟩ und den Glide ⟨i⟩ /j/ enthalten, ausgelöst. Die einzige verbreitete Veränderung ist ⟨a⟩ > ⟨e⟩ vor Suffixen mit ⟨i⟩: *ceni* "du singst" (vgl. *canaf* "ich singe") und ⟨y⟩: *plentyn* "Kind" (vgl. *plant* Pl.); auch das Verbalsuffix der 2. Pl. – *wch* bedingt diesen Wechsel. Die anderen Veränderungen sind: ⟨a⟩ und ⟨e⟩ > ⟨ei⟩ vor /j/-Suffixen: *mab* "Sohn", *meibion* Pl. und ⟨ae⟩ > ⟨ei⟩ vor ⟨i⟩: *saer* "Zimmermann", *seiri* Pl., > ⟨ey⟩ vor ⟨y⟩: *maes* "Feld", *meysydd* Pl. und > ⟨eu⟩ vor ⟨u⟩: *daeth* "er kam", *deuthum* "ich kam". Ihre Distribution ist sehr eingeschränkt. Der ⟨a⟩ > ⟨e⟩ Wechsel ist in einem gewissen Ausmaß in früheren Entlehnungen produktiv, vor allem in Substantiven, wo er eine zusätzliche flektivische Funktion hat: *rhecsyn* "Fetzen", *rhacs* Pl. Dies ist jedoch nicht mehr der Fall. Im Gegenteil, im ugs. Kymrisch geht der i-Umlaut in der Verbalflexion zurück, z. B. wird *cenwch!* Impv. 2. Pl. von *canu* "singen" im ugs. Kymrisch als *canwch!* realisiert, und diese Entwicklung wird auch im lit. Kymrisch zunehmend akzeptiert.

3.6.2.3 Verhärtung

Dies ist die wichtigste interne Konsonantenveränderung. Sie betrifft ⟨b⟩ (> ⟨p⟩), ⟨d⟩ (> ⟨t⟩), ⟨g⟩ (> ⟨c⟩) und (in geringerem Ausmaß) ⟨dd⟩ (> ⟨th⟩) und ⟨f⟩ (> ⟨ff⟩). Die Verhärtung resultiert aus der Verschmelzung von stimmhaften Konsonanten im Stammauslaut mit anlautendem ⟨h⟩ der Suffixe, wie z. B. *-hed* des

Equativs und -**haf** des Superlativs (**teg** "hübsch", aber **teced** "so hübsch", **tecaf** "am hübschesten") und die Konjunktiv-Suffixe, z. B. -**hwyf** (**magu** VN "aufziehen", aber **macwyf** 1. Sg. Konj. Präs.). Die Verhärtung tritt heute beim Konjunktiv nur noch in stereotypen Ausdrücken wie den Ausrufen **Duw (a'n) catwo (ni)**! "Gott schütze uns!" (vgl. **cadwaf** "ich behalte!") auf. Bei der Steigerung der Adjektive hat sich die Verhärtung analogisch auf den Komparativ ausgebreitet: **tecach** (mkymr. **tegach**); allerdings ist die Verhärtung bei Entlehnungen nicht mehr produktiv: vgl. **od** "seltsam" < engl. *odd*, **odach** Komp.

3.6.2.4 Kleinere Veränderungen

Es gibt einige weitere mediale Konsonantenwechsel, doch ist ihre Distribution sehr beschränkt. Die häufigste ist -Nasal- > (gelegentlich) -Nasal + **h**-, wenn der Nasal durch die Suffigierung in vortonige Position gelangt: **brenin** "König", **brenhinoedd** Pl., und schließender -Nasal + Plosiv- > (gelegentlich) -Nasal + Nasal-: **cant** "hundert", **cannoedd** Pl. unter ähnlichen Bedingungen. Vom synchronen Standpunkt aus kann diesbezüglich keine brauchbare allgemeine Regel angegeben werden.

4. Morphologie

4.1 Substantiv

4.1.1 Genus

Das Genus ist in den Head-Wörtern von Nominalphrasen (NP) inhärent, obwohl dies meistens nicht explizit ist. Aus historischen Gründen gibt es bei Erbwörtern die Tendenz (es ist nur eine solche), daß jene mit den Kernvokalen <w> und <y> (*rhwd* "Rost", *hyd* "Länge") maskulin sind und jene mit <o> und <e> (*ton* "Welle", *ffêr* "Knöchel") feminin. Zusammengesetzte Substantive mit den Suffixen -yn (*plentyn* "Kind") und -wr (*rhedwr* "Läufer") sind maskulin, jene mit -en (*derwen* "Eiche"), -es (*brenhines* "Königin") und -wraig (*bydwraig* "Hebamme") feminin. Andere Suffixe geben mit einer gewissen Wahrscheinlichkeit das Genus an (z. B. -aeth normalerweise das feminine: *cymdogaeth* "Nachbarschaft"), aber es gibt üblicherweise viele Ausnahmen. Eine gutdefinierte Klasse, die der Verbalnomina (VN) (*cicio* "treten", *tagu* "erwürgen", *mwmian* "murmeln"), ist immer maskulin. Sexusindifferente Wörter, die sich also gleichermaßen auf männliche wie auf weibliche Wesen beziehen, können entweder maskulin (*plentyn* "Kind", *baban* "Baby", *eryr* "Adler") oder feminin (*colomen* "Taube", *bronfraith* "Drossel", *cwningen* "Kaninchen") sein, aber neukymrische Entlehnungen zeigen, daß das Maskulinum vorherrscht, z. B. sind *eliffant* "Elephant", *camel* "Kamel", *mwnci* "Affe", *pelican* "Pelikan" alle maskulin. *Cath* "Katze", jetzt ein feminines sexusindifferentes Wort, war im Mittelkymrischen ein Substantiv beiderlei Geschlechts (y cath "Kater", y gath "(weibliche) Katze"). Die Wörter dyn: y dyn "der Mann", y ddyn "die Frau"; ŵyr: tri ŵyr "drei Enkelsöhne", tair ŵyr "drei Enkeltöchter"; und llo: llo gwryw "männliches Kalb", llo fenyw "weibliches Kalb" hatten im Mittelkymrischen auch beide Genera, doch sind die beiden ersten jetzt maskulin und bezeichnen nur Männliches (die femininen Ableitungen dynes und wyres bezeichnen den weiblichen Gegenpart), und llo ist ein maskulines sexusindifferentes Wort: llo gwryw, llo benyw. Substantive beiderlei Geschlechts sind tatsächlich ausgesprochen selten, vor allem im Neukymrischen. Das einzige, das weiter verbreitet ist, ist ffrind "Freund", Ffrind da yw ef. "Er ist ein guter Freund." Ffrind dda yw hi. "Sie ist eine gute Freundin.".

4.1.2 Numerus

Es hat sich ein erstaunlich reiches System der Pluralbildung von Substantiven erhalten. Es gibt drei grundsätzliche Typen: (a) Veränderung des Kernvokals: march "Hengst", meirch Pl., (b) Anhängen eines Suffixes: peth "Ding", pethau Pl., (c) Weglassen eines Suffixes: llygoden "Maus", llygod Pl. Die Vermehrung resultiert aus der Tatsache, daß die Zahl der Suffixe groß ist (bis zu 14, je nach den Interpretationskriterien), und daß die Suffigierung, wie bereits dargelegt wurde, Vokalmutation: cwmwl "Wolke", cymylau Pl., i-Umlaut: gwlad "Land", gwledydd Pl. und Konsonantenwechsel: cant "hundert", cannoedd Pl. auslösen kann. Die Suffigierung kann gemeinsam mit historischen Veränderungen des Kernvokals auftreten: gwraig "Frau", gwragedd Pl. und mit Suffixweglassung:

cwningen "Kaninchen", *cwningod* Pl. Es gibt auch einige Fälle, bei denen ein Suffix weggelassen, ein anderes angefügt und der Stammvokal verändert wird: *cerpyn* "Fetzen", *carpiau* Pl.

Der einzige Fall von Suppletivismus ist *buwch* "Kuh", *gwartheg/da* Pl. (Die beiden Alternativen sind regional verteilt.) Ein ehemaliger Dual, *dwylo*, überlebt als Pl. von *llaw* "Hand". In einigen sehr häufigen Paaren haben Dualformen unabhängig vom Plural überlebt; alle sind Zusammensetzungen mit *deu/dwy* "zwei", z. B. *glin* "Knie", *gliniau* Pl., *deulin* Dual. Deren Verwendung ist heutzutage meist idiomatisch. Einige Substantive treten nur im Plural auf, z. B. *rhieni* "Eltern" (neuerdings wurde eine Singularform *rhiant* ersonnen). Die Zahl der Substantive, die nur eine Singularform aufweisen, ist größer und umfaßt einige Abstrakta (wie z. B. *tywydd* "Wetter", *glendid* "Reinheit"), einige Substantive, die Materialien oder Substanzen bezeichnen (z. B. *menyn* "Butter", *glo* "Kohle"), Diminutive (wie z. B. *oenig* "Lämmchen", *bryncyn* "kleiner Hügel"), einige archaische und dichterische Worte (z. B. *bun* "Mädchen", *iôr* "Herr") und natürlich die meisten Eigennamen.

Von der Vielzahl der Suffixe sind viele im lit. Kymrisch noch produktiv. Das Suffix *-ion* in Neologismen ist morphologisch konditioniert. Es pluralisiert abgeleitete Adjektive auf *-ol*: *ffrwydrolion* "Plosive", *trwynolion* "Nasale". Die meisten produktiven Suffixe sind semantisch bedingt; *-iaid* pluralisiert Entlehnungen von Personenbezeichnungen: *cobleriaid* "Schuster", *stiwardiaid* "Verwalter", *capteniaid* "Kapitäne", *paganiaid* "Heiden", *doctoriaid* "Doktoren", *fandaliaid* "Vandalen"; *-od* pluralisiert Entlehnungen von Tierbezeichnungen: *twrciod* "Truthähne", *camelod* "Kamele", *mwnciod* "Affen", *eliffantod*

"Elephanten", *ffrogaod* "Frösche", **teigrod** "Tiger". Entlehnungen von Pflanzenbezeichnungen werden üblicherweise durch die Endung -*en* einer femininen Singulativgruppe zugeordnet: *swedsen* "Rübe", *letysen* "Kopfsalat", *cyrensen* "Korinthe", *carotsen* "Karotte", *pysen* "Erbse", *cabaitsen* "Kohlkopf", *ceiriosen* "Kirsche", *radisen* "Rettich". Die Pluralisierung ist mit dem Verlust des Singulativsuffixes verbunden: *swêds, letys, cyrens, carots, pys, cabaits*. Deverbale Nomina agentia haben den Stammvokalwechseltypus: *paciwr* "Packer", *pacwyr* Pl.; *smociwr* "Raucher", *smocwyr* Pl.; *printiwr* "Drucker", *printwyr* Pl. Es gibt drei produktive Suffixe für Unbelebtes, die Auswahl erfolgt nach der phonologischen Struktur der Entlehnung; Einsilbler fügen -*iau* an: *paciau* "Bündel", *bandiau* "Bands", *banciau* "Banken", *matiau* "Matten"; Mehrsilbler fügen -*i* an, wenn der Stamm auf -*e* + Alveolar endet: *pocedi* "Taschen", *coleri* "Krägen", *matresi* "Matratzen", *bwcedi* "Eimer", andernfalls -*au*: *almanacau* "Almanache", *symbolau* "Symbole", *teligramau* "Telegramme". Das englische Pluralsuffix -(e)s findet sich in Lehnwörtern seit dem Mittelalter: *ffigys* "Feigen" < engl *figs*, *prinsis* "Prinzen" < engl *princes*, *cwrens* "Korinthen" < engl. *currants*, *plats* "Teller" < engl. *plates*, *gwns* "Gewehre" < engl. *guns*. In heutigen umgangssprachlichen Entlehnungen erhalten Substantive Plurale in der gleichen Form, die sie im Cambro-Englischen haben, z. B. [kondəktərz] oder [kondəktərs], [sledʒiz] oder [sledʒis] "Vorschlaghammer" < engl. *sledges*, je nach der geographischen Region. Nur im formalsten Register werden Lehnwörter an das ererbte System assimiliert, und auch hier zeigt sich der Verlust der intuitiven Kenntnis ererbter Regeln an Bildungen wie **cosmonotau**

"Kosmonauten" und *fitaminiaid* "Vitamine". (Die Plurale sollten regulär **cosmonotiaid** und *fitaminau* lauten.) Es gibt Spuren eines eingeschränkten Systems, in dem es zwei Singularformen gab, von denen *blwyddyn*/*blynedd* das einzige erhaltene Beispiel ist. Eine Form, *blynedd*, ist auf die Position unmittelbar hinter pluralischen Zahlwörtern beschränkt: **tair blynedd** "drei Jahre"; **blwyddyn** ist die Form, die in allen anderen "Singular"-Strukturen auftritt: **arhosais flwyddyn** "ich wartete ein Jahr", **blwyddyn newydd dda** "Gutes Neues Jahr". Da *blwyddyn* auch die Form ist, die hinter **un** "ein" auftritt, muß *blynedd* von einer obsoleten Pluralvariante abstammen. **Tridiau** "drei Tage" (**dydd** ist die Singularform in allen anderen Kontexten) ist ein marginales Relikt, und das Mittelkymrische bezeugt eine weitere Verbreitung des Systems, z. B. *mab* "Sohn" (normaler Singular), *meib* (unmittelbar hinter pluralischen Zahlwörtern), *meib(i)on* Pl.

4.1.3 Kasus

Es blieb nur ein sehr magerer Rest der britannischen Kasusflexion erhalten. Die Mehrzahl der Relikte sind erstarrte Gefüge aus Präposition + Substantiv, die im Kymrischen als Präpositionen dienen (z. B. **erbyn** "bis, gegen" (**pyn** war der Dativ von **pen** "Kopf")), oder Dative, die als Adverbien dienen (z. B. **fry** "hinauf", Dativ von **bre** "Hügel"). **Gwas nyf** "Königreich des Himmels" (Genitiv von **nef** "Himmel"), das in einem Gedicht, wohl aus dem sechsten Jahrhundert, vorkommt, ist aller Wahrscheinlichkeit nach ebenfalls ein erstarrter Ausdruck. Genitive haben in Ortsnamen, wie z. B.

Pen-tyrch (< *twrch* "Keiler"), überlebt. *Nefoedd* "Himmel" ist das einzige überlebende Beispiel eines nichtgleichsilbigen Genitivs des Singulars. Es dient im Kymrischen als freie Variante von *nef* (dem Nachfolger des britannischen Nominativs Singular). Es gibt nicht den geringsten Hinweis auf eine Produktivität einer nominalen Kasusflexion im Kymrischen.

4.2 Adjektive

Adjektive sind nicht ausdrücklich als eine eigene Klasse markiert, doch sind einige Suffixe entweder ausschließlich (z. B. *-lon*: *ffrwythlon* "fruchtig") oder hauptsächlich (z. B. *-ig*: *Ffrengig* "französisch") adjektivisch.

4.2.1 Genus

Die Markierung des Genus ist auf einige (vor allem häufige) Adjektive mit ⟨w⟩ (> ⟨o⟩) oder ⟨y⟩ (> ⟨e⟩) als Stammvokal beschränkt: *trwm* "schwer", *trom* f.; *gwyn* "weiß", *gwen* f. (*brith* "gefleckt", *braith* f. ist ein phonologischer Einzelfall). Den präskriptiven Grammatiken zum Trotz gehen die femininen Adjektive auch im lit. Kymrisch zurück, und umgangssprachlich werden nur zwei oder drei der allerhäufigsten (*trom*, *dofn* (< *dwfn* "tief"), *gwen*) laufend verwendet und auch dann nur attributiv, nie prädikativ.

4.2.2 Numerus

Der Numerus wird bei Adjektiven entweder durch Stammvokalwechsel: *ieuanc* "jung", *ieuainc* oder durch Suffigierung von -*on*: *du* "schwarz, *duon* oder -*ion*: *coch* "rot", *cochion* ausgedrückt (die Distribution dieser Suffixe ist phonologisch bedingt). Auch die Regeln der Vokalmutation und des *i*-Umlautes gelten bei der Suffigierung: *trwm* "schwer", *trymion*. Die meisten Adjektive haben keine eigene Pluralmarkierung, und die Übereinstimmung nach dem Numerus ist, wie jene nach dem Genus, in der heutigen Syntax sowohl in attributiver als auch prädikativer Stellung rückläufig. Im ugs. Kymrisch ist sie zum Großteil auf den Typus mit Stammvokalwechsel beschränkt, z. B. *dynion ieuainc* "junge Männer". Die Suffigierung findet sich heute hauptsächlich in erstarrten Phrasen wie *mwyar duon* "Brombeeren".

4.2.3 Steigerung

Es gibt drei abgeleitete Stufen, Äquativ, Komparativ und Superlativ, die mit den Suffixen -*ed*, -*ach* bzw. -*af* gebildet werden: *coch* "rot", *coched, cochach, cochaf*; *tlawd* "arm", *tloted, tlotach, tlotaf*. (Die gleichzeitige Verhärtung (<d> > <t>) und Vokalmutation (<aw> > <o>) im letzten Beispiel wurden bereits besprochen.) Alle zusammengesetzten Adjektive und die meisten abgeleiteten werden nicht synthetisch gesteigert. Die analytischen Strukturen bestehen aus *mor* (< geschwächte Form von *mawr* "groß") und dessen Komparativ *mwy* und Superlativ *mwyaf* unmittelbar vor dem

Adjektiv im Positiv: *diog* "faul", *mor ddiog, mwy diog, mwyaf diog*. Abgesehen davon blieb das reguläre synthetische System produktiv, zumindest bei einsilbigen Entlehnungen, wie z. B. *smart* [smart] "klug", *smarted, smartach, smartaf*. Es gibt eine ziemlich lange Liste von Adjektiven mit unregelmäßiger Steigerung (alle häufig), die formal durch einen suffixlosen Komparativ gekennzeichnet sind: z. B. *agos* "nahe", *nes*; *drwg* "schlecht", *gwaeth*. Der Superlativ (außer von *da* "gut", *gorau*) ist vom Komparativ abgeleitet: *nesaf, gwaethaf*. Der Äquativ ist bei einigen vom Komparativ abgeleitet: z. B. *nesed*, aber andere bilden ihn durch Präfigierung der Äquativpartikel *cy(n)/cyf* an die Komparativformen (z. B. *cyfuwch < uwch (< uchel* "hoch")). Bei *cystal (< da* "gut") präfigiert die Partikel eine Suppletivform und bei *cynddrwg (< drwg* "schlecht") den Positiv. Im lit. Kymrisch haben sich die irregulären Formen als erstaunlich beständig erwiesen, aber im ugs. Kymrisch erfolgte weitreichende Regularisierung, wobei nur *da* "gut", *drwg* "schlecht", *mawr* "groß" und *bach* "klein" in allen Dialektzonen voll erhalten blieben. In Vergleichsausdrücken steht vor den synthetischen Äquativen (außer vor jenen, die durch Zusammensetzung mit der Äquativpartikel gebildet werden) die Partikel *cyn: cyn ddued*. Dem zweite Element des Vergleichs geht *â/ag* (beim Äquativ) und *na(g)* (beim Komparativ) voraus.

4.3 Determinantien, Bestimmungswörter, Indefinitpronomina, Zahlwörter und Demonstrativpronomina

Die drei Formen des bestimmten Artikels sind phonologisch

bedingt, 'r tritt nach Vokalen auf: *i'r dyn* "dem Mann" und *y, yr* nach Pausa und nach Konsonanten (letzteres vor Vokalen, *i*-Glide und ⟨h⟩ (*yr afal* "der Apfel", *yr iard* "der Hof", *yr haf* "der Sommer"), ersteres vor *w*-Glide und anderen Konsonanten (*y wats* "die Uhr", *y ceffyl* "das Pferd")). Obwohl es die chronologisch gesehen jüngste Variante ist, wird *y* als die Grundform betrachtet. Der Artikel ist unmarkiert, was den Numerus betrifft, kann aber, nachdem er SM bei einem folgenden Femininum im Sg. auslöst, als hinsichtlich des Genus markiert angesehen werden.

Von den Quantitätswörtern und Indefinitpronomina sind nur *llall* und *arall* "andere(r)" hinsichtlich des Numerus markiert (Pl.: *lleill*, bzw. *eraill*). Das erste tritt nur in Head-Position nach dem bestimmten Artikel auf: *y llall* "der andere", *y lleill*, und *arall* nur in Modifier-Position: *y dyn arall* "der andere Mann", *y dynion eraill* Pl. Beide kontrastieren mit *y naill*, das substantivisch und adjektivisch verwendet werden kann: *y naill (ddyn)* "der eine (Mann)", *y naill (ddynion)* "die anderen (Männer)".

Das deiktische System (über das die meisten Grammatiken ausgesprochen ungenau informieren) ist vierstufig und hinsichtlich des Genus und des Numerus markiert. Die Formen sind in Tabelle 4 angeführt. Die neutrale Form bezieht sich auf Fakten, Aussagen, usw. (*mae'n oer* "es ist kalt"; *mae hynna'n wir* "das ist wahr"), die anderen beziehen sich auf Konkreta: *hwn yw'r dyn* "das ist der Mann", *hon yw'r ferch* "das ist das Mädchen". Die Formen (a), (b) und (c) beziehen sich auf gegenwärtig sichtbare Dinge oder soeben ausgesprochene Aussagen, wobei (a) das nächste und (c) das am wenigsten nächste ist: *hwn* "dieser (hier)", *hwnna* "dieser (dort)", *hwnacw* "jener (dort)". Die Formen (d) beziehen sich auf derzeit nicht Sichtbares und Aussagen, die bereits einige Zeit zurückliegen: *Hwnnw yr oeddwm i'n ei hoffi.* "Jener (derzeit nicht anwesend und/oder sichtbar) (war es, den) ich mochte." *Yr oedd hynny'n wir flynyddoedd yn ôl.* "Das war vor Jahren richtig."

Substantivisch

	m.	f.	n.	Pl.
(a)	hwn	hon	hyn	(y) rhain
(b)	hwn(y)na	hon(y)na	hyn(y)na	(y) rheina
(c)	hwnacw	honacw	–	(y) rhai acw
(d)	hwnnw	honno	hynny	(y) rheini/rheiny

Adjektivisch

	m.	f.	n.	Pl.
(a)	hwn	hon	hyn	hyn
(b)	yna	yna	–	yna
(c)	acw	acw	–	acw
(d)	hwnnw	honno	hynny	hynny

Tabelle 4

Wie man aus der Tabelle entnehmen kann, ist das System der adjektivischen deiktischen Pronomina formal etwas einfacher: (b) und (c) haben nur undekliniertes *yna* und *acw*: *y dyn/y ferch/y dynion yna* "dieser Mann/dieses Mädchen/diese Männer dort", *y dyn/y ferch/y dynion acw* "jener Mann/jenes Mädchen/jene Männer". Die adjektivischen Pluralformen weichen alle von den entsprechenden substantivischen Formen ab; adjektivisch: *y dynion hyn/yna/acw/hynny* "diese Männer hier/diese Männer dort/jene Männer/jene (derzeit nicht anwesenden) Männer", substantivisch: *(y) rhain/(y) rheina/(y) rhai acw/(y) rheini yw'r dynion* "diese hier/diese dort/jene/jene (derzeit nicht Anwesenden) sind die Männer".

Die vier entsprechenden Ortsadverbien sind *yma* "hier", *yna* "da", *acw* "dort", *yno* "dort (derzeit nicht sichtbar)". Das deiktische Adverb ist dreistufig: *dyma* "hier ist/sind", *dyna* "da ist/sind", *dacw* "dort ist/sind". Das System hat sich erstaunlich gut gehalten, doch gibt es jetzt deutliche Anzeichen dafür, daß (d) durch (b) ersetzt wird: *y dyn (y)na a welais ddoe* "jener Mann, den ich gestern sah" (eher als: *y dyn hwnnw a welais ddoe*), *y rheina a welais ddoe* "jene, die ich gestern sah" (eher als: *y rheini a welais ddoe*). Eine feine deiktische Nuance geht dadurch verloren. Eine weitere Entwicklung ist die Tendenz, die adjektivischen m. und f. Formen von (a) entweder durch die neutrale Form: *y dyn/y ferch hyn* "dieser Mann/dieses Mädchen", oder die Formen des m., f. und des Pl. durch das Adverb *yma* "hier" zu ersetzen: *y dyn/y ferch/y dynion yma* "dieser Mann/dieses Mädchen/diese Männer".

Es gibt zwei Formen des Reflexivpronomens, das erste (verbunden mit dem südlichen Kymrisch) wird nach dem Numerus flektiert: *fy hunan* "mich (selbst)", *ein hunain* "uns (selbst)", das zweite (verbunden mit dem nördlichen Kymrisch) nicht: *fy hun, ein hun*.

Drei Zahlwörter (*dau* "zwei", *tri* "drei", *pedwar* "vier") und zwei

Ordinalia (**trydydd** "dritte", **pedwerydd** "vierte") werden nach dem Genus flektiert: Die entsprechenden femininen Formen sind **dwy, tair, pedair; trydedd, pedwaredd**. Das Maskulinum ist die unmarkierte und die Grundform.

4.4 Präpositionen

Folgende Gruppen von Präpositionen werden nach der Person flektiert: (a) **am** "(im Austausch) für, um (zeitl.)", **ar** "auf", **at** "nach", **dan** "unter", (b) **heb** "ohne", **rhag** "vor", **rhwng** "zwischen", **yn** "in", **o** "aus (örtl.)", **tros** "über", **trwy** "durch", **er** "wegen" und (gelegentlich) **hyd** "entlang", (c) **gan** "mit, von", **wrth** "an, von (von einem Belebten)". Die Flexionssuffixe, die mit jeder Gruppe verbunden sind, sind in Tabelle 5 angeführt. Die Präposition **i** "zu, für" ist insofern abnormal, als sie nur in der dritten Person flektiert wird: **iddo** "ihm", **iddi** "ihr", **iddynt** "ihnen". Der flektierte Stamm entspricht nicht immer der Grundform der Präposition, z. B. hat die Präposition **ar** den flektierten Stamm der **arn–: arnaf** "auf mir". Umgangssprachlich wurde viel regularisiert. Eine Gruppe von Suffixen und eine Gruppe von Stämmen wurde normalerweise verallgemeinert; so werden die flektierten Formen von **yn** (**ynof, ynot, ynddo, ynddi; ynom, ynoch, ynddynt**) des lit. Kymrisch in den nördlichen Varianten als **yna, ynat, yno, yni; ynon, ynoch, ynyn** realisiert.

	Sg.		
	(a)	(b)	(c)
1.	-*af*	-*of*	-*yf*
2.	-*at*	-*ot*	-*yt*
3. m.	-*o*	-*ddo*/-*to*/-*o*	-*o*/-*ddo*
f.	-*i*	-*ddi*/-*ti*/-*i*	-*i*/-*ddi*

	Pl.		
	(a)	(b)	(c)
1.	-*om*	*om*	-*ym*
2.	-*och*	-*och*	-*ych*
3.	-*ynt*	-*ddynt*/-*tynt*/-*ynt*	-*ynt*/-*ddynt*

Tabelle 5

4.5 Pronomina

Die Personalpronomina sind in Tabelle 6 angeführt. Es gibt drei Fälle, jeder davon mit semantisch und phonologisch bedingten Alternativen. (Die hier verwendete Nomenklatur und Klassifizierung weicht zum Teil von der der normativen Grammatiken ab.)

Die Mutationen, die der Akkusativ und der Genitiv auslösen, werden durch die hochgestellten Buchstaben angegeben; S (SM), N (NM), A (AM inklusive *h*V), H (nur *h*V). Nur die prinzipiellen Anwendungsregeln können hier erläutert werden. Die Formen des Akkusativs und des Genitivs sind markiert. Es gibt bezüglich der

Verwendung der ersteren starke Beschränkungen. Sie treten nur als Objekt eines flektierten Verbs auf und nur nach einer beschränkten Zahl von Partikeln (wie der Deklarativpartikel *fe*, den Negationspartikeln *ni, na* oder den Relativpartikeln *a, y*) oder verbalen Konjunktionen (wie z. B. *pan* "als"). Die Varianten silbisch/nicht-silbisch sind phonologisch bedingt: *ef a'm gwelodd* "er sah mich" (nach Vokal), *pan ym gwelodd* "als er mich sah" (nach Konsonant). Die s-Formen der 3. Sg. und Pl. können nur in Verbindung mit *ni, na, oni* "wenn nicht, bis" und *pe* "wenn" auftreten (die anderen Formen der 3. Person sind bei diesen Wörtern nicht erlaubt): *nis gwelaf* "ich werde ihn/sie nicht sehen". Der Akkusativ tritt nicht in Verbindung mit einem Imperativ, oder wenn das Subjekt als Substantiv oder Hilfspronomen ausgedrückt ist, auf. In all diesen Situationen wird das Grundpronomen verlangt: *Caria fi!* "Trag mich!", *pan welodd John ni* "als John uns sah". Aber auch in den beschränkten Situationen, in denen der Akkusativ zulässig ist, ist inzwischen das Grundpronomen die Normalform, sowohl im ugs. als auch im lit. Kymrisch: *pan welodd fi*. Der entsprechende Akkusativ würde auch im lit. Kymrisch als sehr formell betrachtet werden.

Der Genitiv bezeichnet einen Besitz im weitesten Sinne: *fy mhen* "mein Kopf" und das Objekt eines VN: *gall fy ngweld* "er kann mich sehen (er vermag Sehen meiner)". Die infigierten Formen *'m* und *'th* sind auf einige Konjunktionen und Präpositionen, die auf Vokal enden, beschränkt: *i'm tad* "meinem Vater". Die anderen infigierten Formen sind Verschmelzungsvarianten: *Dyma'ch tŷ.* "Hier ist euer Haus." Die *'w*-Variante (3. Sg. und Pl.) tritt im lit. Kymrisch nur - und dort verbindlich - nach *i* "zu" auf: *i'w dad* "(zu) seinem Vater".

Grundpronomen

Singular

	1.	2.	3. m.	3. f.
einfach	mi/fi/i	ti/di	ef	hi
redupliziert	myfi/fyfi	tydi/dydi	(e)fe/(e)fo	hyhi
konjunkt	minnau/ finnau/innau	tithau/ dithau	yntau	hithau

Plural

	1.	2.	3.
einfach	ni	chwi	hwy
redupliziert	nyni	chwychwi	hwynthwy
konjunkt	ninnau	chwithau	hwythau

Akkusativ

	Singular			Plural		
	1.	2.	3.	1.	2.	3.
nichtsilbisch	'm^H	'th^S	'i^H/s^H	'n^H	'ch	'u^H/s^H
silbisch	ym^H	yth^S	ei (y'i)^H	yn^H	ych	eu (y'u)^H

Tabelle 6

Genitiv

	Singular			Plural		
	1.	2.	3.	1.	2.	3.
			m. f.			
präfigiert	fy^N/f'	dy^S/d'	ei^S ei^A	ein^H	$eich$	eu^H
infigiert	'm^H	'th^S	'i^S/'w^S 'i^A/'w^A	'n^H	'ch	'u^H/'w^H

Tabelle 6 (Fortsetzung)

Umgangssprachlich sind die Formen 'm und 'th verschwunden, sie wurden durch umgangssprachliche Varianten der präfigierten Formen ersetzt, die verbreitetsten davon sind $(y)n^N$ (1. Sg.): i'n $nhad$ (< tad) und dy^S (2. Sg.): i dy dad. Die orthographischen Formen ei (3. Sg.), ein (1. Pl.) und $eich$ (2. Pl.) wurden von SALESBURY (ca. 1520 - ca. 1584) (dem ersten Übersetzer des Neuen Testaments, 1567) im Einklang mit seinen etymologischen und orthographischen Theorien ersonnen. (Im Mittelkymrischen lauteten die Formen y, an/yn bzw. $awch/ach/ych$.) SALESBURYs Formen wurden deshalb ins lit. Kymrisch übernommen und überlebten dort, weil sie (anders als die große Mehrheit der Rechtschreibinnovationen SALESBURYs) in die Übersetzung der gesamten Bibel von 1588 aufgenommen wurden. In Übereinstimmung mit der Phonemizität der kymrischen Orthographie werden diese im gesprochenen lit. Kymrisch oft [ei],

[ein], [eix] ausgesprochen ([eix ta·d] "euer Vater"), während sie in allen nicht-literarischen Registern die ererbte Aussprache [i], [ən], [əx] behalten: [əx ta·d]. Die Form der 3. Pl *eu*^{H} ist historisch gesehen ursprünglich und wurde im lit. Kymrisch beibehalten; im ugs. Kymrisch wurde sie aber durch [i]^H ersetzt.

In der Funktion als Objekt eines VN wurde (in den meisten Dialekten) der Genitiv durch das Grundpronomen ersetzt. So erscheint lit. kymr. *gall fy ngweld* als *gall (e) weld fi*. In manchen Gebieten trifft dies auch auf die possessivische Funktion zu, z. B. *llaw fi* "meine Hand" (für lit. kymr. *fy llaw (i)*). Die Grundform wird universell bei Personennamen verwendet: *John ni* "unser John".

Sowohl die Akkusativ- als auch die Genitivpronomina sind klitisch. Pronominale Emphase wird erreicht, indem ein wiederholendes Grundpronomen angefügt wird: *Fe'n gwelodd ni.* "Er sah uns.", *ein llaw ni* "unsere Hand". Ein flektiertes betontes Possessivpronomen, welches im Mittelkymrischen und später häufig ist (*y llyfr eiddaw* "sein Buch"), ist jetzt obsolet.

In allen anderen pronominalen Funktionen wird das Grundpronomen verwendet. Die einfache Form (*mi/di/i*, usw.) ist die dominierende. Es ist die Form, die normalerweise auftritt, wenn das Pronomen bei Inversion vorangestellt wird: *Ni sy'n iawn.* "Wir (sind es, denen) es gut geht." *Chwi a welais ddoe.* "Euch sah ich gestern.", und als postverbales Objekt flektierter Verben: *Gwelsoch ni.* "Ihr saht uns." Es tritt in Verbindung mit einigen nicht flektierten Präpositionen auf (z. B. *gyda* "mit": *gyda ni*) und als Kurzantwort auf Ergänzungsfragen: *Tŷ pwy yw hwn? Ni.* "Wessen Haus ist das? Unseres." Wie bereits angedeutet, dient das Grundpronomen auch als Hilfspronomen (d. h. "Wiederholungspronomen") flektierter Verben: *gwelsom ni* "wir sahen", Präpositionen: *arnoch chwi* "auf euch" und Akkusativ- und Genitivpronomina: *Fe'n gwelodd ni.* "Er sah uns."; *ein tŷ ni* "unser Haus". Die Verwendung des Hilfspronomens kann in manchen Fällen zur Unterscheidung dienen: *gwelodd ef ...* "er sah ...", *gwelodd hi ...* "sie sah ...". Die präskriptiven Grammatiken erwecken manchmal den Eindruck, daß die Anwesenheit bzw. Abwesenheit dieses Pronomens das Register, literarisch (abwesend) bzw. nichtliterarisch (anwesend), anzeige. Aber dies trifft nur auf unmarkierte, positive, Aussageätze mit nur einem Subjekt und Entscheidungsfragen zu: *gwelwn* "wir sehen" (lit. kymr.), *(fe) welwn ni* (nichtlit. kymr.); *A welwch?* "Seht ihr?" *(A) welwch chi?* (nichtlit. kymr.). Es muß jedoch manchmal in allen Registern gesetzt werden, z. B. wenn das Pronomen betont werden soll: *fy llaw i* "meine Hand" (nicht **fy llaw*) oder bei mehrfachem Subjekt: *Gwelais i a John y ferch.* "John und ich sahen das Mädchen." (nicht **Gwelais a John ...*). Es muß weggelassen werden, wenn das Bezugswort im selben Satz vorausgeht: *Y mae John wedi cael ei ladd.* "John wurde getötet (John hat sein Töten bekommen)." (nicht: **... ei ladd ef*), *Dyma'r dyn a welodd y tŷ.* "Das ist der Mann, der das Haus sah." (nicht **... a welodd ef ...*).

Das reduplizierte Pronomen (das normalerweise die Betonung des Pronomens ausdrückt) verschwindet rasch als unabhängige Reihe im lit. Kymrisch (obwohl es in einer abgeschwächten Form ([əˈviˑ], [əˈtiˑ], usw.) umgangssprachlich immer noch zu hören ist). Die konjunkte Reihe umfaßt (neben anderen Nuancen) den semantischen Bereich des Adverbs *hefyd* "auch": *Af finnau.* "Auch ich werde gehen.", doch wurde das konjunkte Pronomen, infolge der Tendenz, das Adverb anzuhängen: *Af finnau hefyd.*, größtenteils überflüssig, was zu seinem Rückgang sowohl im lit. als auch im ugs. Kymrisch führt.

Die Alternativen innerhalb der Personen sind funktionell und phonologisch bedingt. Bei der 1. Sg. treten nur die nicht-*m*-Formen (z. B. *fi, i*) in der Hilfsfunktion auf (die *f*-Form nach verbalen und pronominalen Suffixen auf -*f*: *arnaf fi* "auf mir", andernfalls die nicht-*f*-Form: *fy llaw i* "meine Hand"). Die *f*-Variante wird auch als Verbalobjekt verwendet: *Gwelodd fi.* "Er sah mich.", und sie wechselt mit der *m*-Variante nach unflektierten Präpositionen: *gyda mi/fi* "mit mir". Im heutigen Kymrisch ist die *m*-Form in vorgezogener Stellung großteils durch die *f*-Form ersetzt: *Fi a welodd y ferch.* "Ich war es, der/den das Mädchen sah." Die *d*-Form der 2. Sg. dient nur als Hilfspronomen: *gweli di* "du siehst", wobei sie mit der *t*-Variante in dieser Funktion nach verbalen und pronominalen Endungen auf -*t* wechselt: *gwelit ti* "du pflegtest zu sehen". Die *t*-Form dominiert und tritt heutzutage sogar in mutierenden Kontexten auf: *John a ti* "John und du" (nicht *John a thi*), *gwelais ti* (nicht *gwelais di*).

Die 2. Pl. jeder pronominalen Reihe dient auch als Höflichkeitsform der 2. Sg. Die genaue Verwendung variiert stark innerhalb und zwischen den Dialekten, doch wird die 2. Sg. überall verwendet, wenn Gott oder Tiere angesprochen werden. Die Herausbildung der Höflichkeitsform geht mindestens bis ins 16. Jahrhundert zurück und gewinnt, mit geringen Rückschlägen, weiterhin an Grund.

4.6 Das Verbalsystem

4.6.1 Verbalnomen (VN)

Es ist die einzige nichtfinite Verbalform innerhalb des Verbalsystems (ein Präsens- oder Perfektpartizip gibt es nicht). Mit wenigen Ausnahmen, z. B. VN *mynd* "gehen" (Verbalstämme: *a-*, *aeth-*, *el-*), VN *dwyn* "stehlen" (Verbalstamm: *dyg-*) ist die formale Beziehung zwischen VN und dem Verbalstamm durchsichtig. Es gibt eine Gruppe (die endungslosen VN), bei der das VN direkt als Verbalstamm dient: *adrodd* "vortragen", *adrodd-*; *ateb* "antworten", *ateb-*; *eistedd* "sitzen", *eistedd-*; *dechrau* "beginnen", *dechreu-*; *cymell* "ermutigen", *cymhell-*, usw. (Morphonologische Regeln führen zu den Veränderungen bei den beiden letzten.) Die große Mehrheit wird aber durch ein VN-Suffix gekennzeichnet, deren es zwanzig oder mehr gibt; die genaue Zahl hängt von den angewendeten Interpretationskriterien ab. Die meisten, wie z. B. *-yll*: *sefyll* "stehen", *saf-* haben eine sehr eingeschränkte Distribution (in diesem Falle nur ein VN), und nur *-io/-o*, *-u*, *-i* können als häufig verwendet gelten. Das endungslose VN hatte eine beschränkte Produktivität, indem es einige VN mit seltenen Suffixen anzog. Ursprünglich waren die Verbalstämme von *arwain* "führen" (VN-Suffix *-in*) und *aros* "(er)warten" (VN-Suffix *-s*) *arwedd-* und *arho-*. Im heutigen Kymrisch gehören beide VN zur endungslosen Gruppe, wobei die Verbalstämme *arwein-* und *arhos-* sind. Die "Lösung" der Oberflächendiskrepanz zwischen VN und Verbalstamm kann in verschiedenen Regionen verschiedene Form annehmen, z. B. *dwyn* "stehlen, tragen", *dyg-* wird ugs. im Nordwesten *dwyn*,

dwyn-, im Südwesten aber *dwgyd, dwg-*. In derartigen Fällen widersteht die lit. Sprache eher den Veränderungen. In auffälligem Kontrast zu diesem Ausgleichsprozeß steht die Verschleierung der Oberflächen-beziehung zwischen endungslosem VN und seinem Verbalstamm durch Aphärese. (Die regionalen Realisationen der folgenden Beispiele stammen aus dem Nordwesten): VN [gaval] (lit. kymr. *gafael*) "ergreifen", Verbalstamm [veil-] (lit. kymr. *gafael-*); VN [aros] (lit. kymr. *aros*) "(er)warten", Verbalstamm [ros-] (lit. kymr. *arhos-*); VN [atab] (lit. kymr. *ateb*) "antworten", Verbalstamm [teb-] (lit. kymr. *ateb-*); VN [idrax] (lit. kymr. *edrych*) "sehen", Verbalstamm [drəx-] (lit. kymr. *edrych-*); VN [eista] (lit. kymr. *eistedd*) "sitzen", Verbalstamm [steð-] (lit. kymr. *eistedd-*).

Zum Großteil wurden die dominierenden Suffixe *-(i)o*, *-u* und *-i* ursprünglich durch die phonologische Gestalt des Stammes bedingt, indem *-i* an Stämme auf *-Cw* [w] und solche mit *-o-* und *-oe-* antrat: *berwi* "kochen", *torri* "zerbrechen", *poeri* "spucken"; *-u* an Stämme mit *-ae-*, *-e-* und *-y-*: *gwaedu* "bluten", *credu* "glauben", *crynu* "zittern"; und *-o* an Stämme mit *-i-*, *-u-*, *-eu-*, *-wy-* und *-Ci* [j]: *llifo* "fließen", *curo* "schlagen", *euro* "vergolden", *bwydo* "füttern", *teithio* "reisen". Von den Stämmen auf *-Ci* [j] + Suffix *-o* wurde das Allomorph *-io* abstrahiert; *-o* und *-io* werden nunmehr am besten als getrennte Suffixe betrachtet, und sie sind auch bei weitem die produktivsten in allen Registern des modernen Kymrisch. Eines von beiden wird fast unvermeidlich jedem entlehnten Verbalstamm angefügt. Die Produktivitätsverteilung ist regional, *-io* im Norden, *-o* im Süden, wobei die lit. Sprache der nördlichen Praxis folgt: *cicio* "treten" < engl. *to kick*, *tapio* "anzapfen" < engl. *to tap*, *betio* "wetten" < engl. *to bet*, *pacio* "einpacken" < engl.

to pack, **smocio** "rauchen" < engl. *to smoke*, usw. Das Suffix -u blieb bis zu einem gewissen Grade bei ererbten Stämmen produktiv und findet sich ab und zu auch in Lehnwörtern, z. B. lit. kymr. **asesu** "abschätzen" < engl. *to assess*. Dessen dialektale Form ist jedoch signifikanterweise **asesio/aseso**.

4.6.2 Verbalflexion

Singular

	1.	2.	3.	Impers.
I (Präsens)	-(i)af	-i	-(i)a/Null/ Vokalwechsel	-ir
II (Imperfekt)	-(i)wn	-it	-(i)ai	-id
III (Präteritum)	-(i)ais	-(i)aist	-(i)odd	-(i)wyd
IV (Plusquamperfekt)	-(i)asem	-(i)asit	-(i)asai	-(i)asid
Konjunktiv	-(i)wyf	-ych	-(i)o	-(i)er
Imperativ	-	-(i)a/Null	-(i)ed	-(i)er

Plural

	1.	2.	3.
I (Präsens)	-(i)wn	-(i)wch	-(i)ant
II (Imperfekt)	-(i)em	-(i)ech	-(i)ent
III (Präteritum)	-(i)asom	-(i)asoch	-(i)asant
IV (Plusquamperfekt)	-(i)asem	-(i)asech	-(i)asent
Konjunktiv	-(i)om	-(i)och	-(i)ont
Imperativ	-(i)wn	-(i)wch	-(i)ent

Tabelle 7

Die Flexion des regelmäßigen Verbs ist in Tabelle 7 verzeichnet. Die Stufen des Indikativs werden hier mit vorangestellten römischen Ziffern bezeichnet, nicht mit den traditionellen Namen (die in der Tabelle in Klammern beigegeben sind). Es gibt zwei Suffixgruppen, eine mit initialem [j] (-*iaf*) und eine ohne (-*af*). (Offensichtliche Ausnahmen, wo es keine [j]-Variante gibt (wie in der 2. Sg. I (-*i*)), sind das Ergebnis der Kontraktion von [j] mit einem unmittelbar folgenden Vokal, z. B. *cofi* [kovi] "du erinnerst dich" < [kovji] (vgl. VN *cofio* [kovjo] "sich erinnern").)

Wie das letzte Beispiel zeigt, geht aus der Form des VN normalerweise hervor, zu welcher Konjugation (*i* oder nicht-*i*) ein Verb gehört. Wenn das Suffix des VN ein *i* [j] hat, gehört es zur *i*-Gruppe: *ystyried* "überlegen", *ystyriaf*; *trotian* "trotten", *trotiaf*; *lluddias* "behindern", *lluddiaf*; VN ohne *i* gehören zur nicht-*i*-Gruppe: *cerdded* "spazieren", *cerddaf*; *tagu* "erwürgen", *tagaf*; *rhedeg* "laufen", *rhedaf*. Endungslose VN sind bezüglich der Gruppe nicht markiert, z. B. *adrodd* "vortragen", *adroddaf*, aber *derbyn* "erhalten", *derbyniaf*. Die meisten gehören jedoch zur nicht-*i*-Gruppe. Da -*io* im lit. Kymrisch das produktive VN-Suffix ist, dominiert die *i*-Konjugation (z. B. Impv. 2. Pl.: *smociwch!*, *ciciwch!*, *paciwch!*), und dies gilt auch für die nördlichen Varianten der Umgangssprache. In den südlichen Varianten ist die Gruppe ohne *i* die produktive: *smocwch!*, *cicwch!*, *pacwch!*

Von den Varianten der 3. Sg. I ist jetzt -(*i*)*a* (ursprünglich von den denominalen und deadjektivalen Verben abstrahiert) das produktive Allomorph im lit. Kymrisch. Aber alle Formen, die für die 3. Sg. I angeführt sind (-*ia*: *smocia* "raucht"; Null: *eistedd* "sitzt"; Stammwechsel: *etyb* "antwortet" (< VN *ateb*)), sind starke

Indikatoren des lit. Kymrisch. Im ugs. Kymrisch ist das Allomorph der 3. Sg. I -*iff* (oder seine regionale Variante -*ith*): **smociff**/**smocith**, das aber immer abwertend betrachtet wurde. Die Variante -(*i*)*a* im Impv. 2. Sg. ist in allen Registern produktiv, aber auch das Nullallomorph ist umgangssprachlich produktiv, vor allem bei einsilbigen Lehnwörtern: **Cic y bêl yn galed!** "Tritt den Ball kräftig!" Bei der 3. Sg. III sollte man das im Südosten produktive Allomorph -*ws* (**smocws** "rauchte") erwähnen, weil es in mittelkymrischer Prosa (in der Form -*wys*) weit verbreitet ist. Andere, eingeschränktere Formen dieses s-Präteritums (mit einem anderen Themavokal): **rhoddes** "gab", **erchis** "fragte" kommen noch gelegentlich im lit. Kymrisch vor, und das südöstliche **cas** (< **cael** "bekommen") ist der einzige umgangssprachliche Rest von -*as*. Es gibt eine recht umfangreiche Untergruppe des regelmäßigen Verbs (die "kontrahierten" Verben), die aus einsilbigen und endbetonten Formen besteht. Sie stammen von vokalischen Stämmen auf -*o* oder -*a*, z. B. **trof** "ich wende" (< **tro-af**), **parháf** "ich setze fort" (< **parha-af**). Die Hauptquelle dieser Formen sind Denominalia und Deadjektivalia (das Suffix -*ha*- wurde an das Substantiv oder Adjektiv angefügt, um den Verbalstamm zu bilden), z. B. **gwag** "leer", **gwag-ha-u** > VN **gwacáu** [gwaˈkaɨ] "leeren", **gwag-ha-af** > **gwacáf** [gwaˈkaˑv] "ich leere". Wie erwähnt, wurde die -(*i*)*a*-Form (3. Sg. I und Impv. 2. Sg.) von dieser Gruppe abstrahiert. Das System ist jetzt nicht mehr produktiv; im ugs. Kymrisch geht es sogar zurück. Das Verb **bwyta** "essen" (im lit. Kymrisch kontrahiert (z. B. **bwytéwch!** Impv. 2. Pl.)) ist im ugs. Kymrisch regelmäßig (**bytwch!**).

Die Zahl der unregelmäßigen Verben ist sehr gering und kann in zwei Gruppen unterteilt werden. **mynd** "gehen" (ebenso **dod** "kommen" und **gwneud** "machen") und **bod** "sein" (einschließlich seiner Zusammensetzungen, deren wichtigste **gwybod** "wissen" und **adnabod** "kennen" sind). Das Hauptunterscheidungsmerkmal dieser Verben ist der Stammwechsel; **mynd**: I und II **a-**, III und IV **aeth-**, Konjunktiv **el-**. Die Tatsache, daß es unterschiedliche Stämme gibt, führt zur Bildung zweier Konjunktivstufen, I (Präsens): **el-** + Suffixe des regulären Konjunktivs und II (Imperfekt): **el-** + Suffixe der Stufe II des Indikativs. Das Verb **bod** selber hat zwei weitere Stufen, V (Präsens der Gewohnheit) und VI (Imperfekt der Gewohnheit). **Bod** allein hat darüberhinaus in der 3. Sg. I eine Reihe syntaktisch bedingter Varianten. Diese werden später besprochen werden.

Singular

	1.	2.	3.	Impers.
I (Präsens)	(yd)wyf	(yd)wyt	mae/oes/ (yd)yw/sydd	(yd)ys
II (Imperfekt)	oeddwn	oeddit	(yd)oedd	oeddid
III (Präteritum)	bûm	buost	bu	buwyd
IV (Plusquamperf.)	buaswn	buasit	buasai	buasid
V (Präsens der Gewohnheit)	byddaf	byddi	bydd	byddir
VI (Imperfekt der Gewohnheit)	byddwn	byddit	byddai	byddid
Konj. I (Präsens)	b(ydd)wyf	b(ydd)ych	b(ydd)o	bydder
Konj. II (Imperfekt)	bawn	bait	bai	byddid
Imperativ	–	bydd	bydded/bid	bydder

Tabelle 8

Plural

	1.	2.	3.
I (Präsens)	(yd)ym	(yd)ych	maent/(yd)ynt
II (Imperfekt)	oeddem	oeddech	oeddent
III (Präteritum)	buom	buoch	buont
IV (Plusquamperfekt)	buasem	buasech	buasent
V (Präsens der Gewohnheit)	byddwn	byddwch	byddant
VI (Imperfekt der Gewohnheit)	byddem	byddech	byddent
Konj. I (Präsens)	b(ydd)om	b(ydd)och	b(ydd)ont
Konj. II (Imperfekt)	baem	baech	baent
Imperativ	byddwn	byddwch	byddent

Tabelle 8 (Fortsetzung)

Zum größten Teil sind die Suffixe der regelmäßigen und der unregelmäßigen Verben gleich. Die Stufe I von **bod** bildet eine Ausnahme, ebenso die Stufe I von **gwybod** (**gwn, gwyddost, gŵyr** (die einzige überlebende deponentiale Form der 3. Sg.), **gwyddom, gwyddoch, gwyddant**) und **adnabod** (**adwaen(af), adwaenost, adwaen, adwaenom, adwaenoch, adwaenant**). Alle unregelmäßigen Verben weichen in der Stufe III ab, sowohl im Stamm (der entweder einem suffixlosen Präteritum (**bu, gwybu**) oder einem t-Präteritum (**aeth, gwnaeth**) entstammt) als auch in den Suffixen der 1. Sg.: **-um**: **euthum, bûm**; 2. Sg.: **-ost**: **aethost, buost** und (nur **bod**) der 3. Pl.: **-ont**: **buont**. Die Impv. 2. Sg. von **mynd** und **dod** sind

Suppletivformen: *dos*, *tyrd*. In den südlichen Dialekten ist die ganze Imperativkonjugation von *mynd* suppletiv: *cer*, *cered*, *cerwn*, *cerwch*, *cerent*.

Es gibt einige defektive Verben (z. B. die Quasimodalverben, die weiter unten besprochen werden). Zu den anderen häufigen Defektiva zählen *digwydd* "passieren" (das keine Impv.-Formen hat), *geni* "geboren werden" (nur unpersönliche Formen) und *gweddu* "sich eignen" (das nur Formen der 3. Sg. I und II hat). Das Verb *medd-* "sagen" hat nur Suffixe der Stufen I und II, das Verb *ebr/ebe/eb* "sagt, sagte" hat nur diese drei frei variierenden Formen, und *hwre/hwde, hwrwch/hwdiwch* "nimm (dies), nehmt (dies)" hat nur diese Imperative der 2. Sg. und 2. Pl. (die Varianten sind regional). Es gibt eine kleine Gruppe von Verbalnomina, die bezüglich der Verbalflexion völlig defektiv sind, darunter *byw* "leben", *marw* "sterben" (doch werden diese in manchen Dialekten konjugiert). Andere sind *odi* "schneien", *bugunad* "brüllen" und viele VN auf -a: *adara* "Geflügel jagen", *cardota* "betteln", *mercheta* "huren", usw.

Umgangssprachlich und (in geringerem Ausmaß) auch im lit. Kymrisch gab es weitreichende Ausgleiche und Vereinfachungen des Verbalsystems. Der Konjunktiv wird nicht mehr allgemein verwendet (obgleich der Konjunktivstamm in der *mynd*-Gruppe in einigen Dialekten den ursprünglichen Stamm der Stufe II verdrängt hat). Einige Reste treten in erstarrten Ausdrücken wie *Duw a'ch helpo chwi!* "Gott helfe euch!", *Da boch chwi!* "Auf Wiedersehen! (Möget ihr gut sein!)", *doed a ddêl* "komme was wolle" und *cyn bo hir* "in Kürze" auf, doch wurden seine Funktionen sonst von Modalverben und anderen Systemen übernommen. Die Stufe IV verschwindet rasch aus dem lit. Kymrisch, während sie in den wenigen Dialekten, in denen sie überlebte, nur als Alternative oder freie Variante der Stufe II auftritt. Effektiv besteht daher das heutige System aus den Stufen I, II, III und dem Imperativ. Die Impersonalsuffixe sind ein Indikator des lit. Registers geworden, die anderen Stufen werden in allen Registern verwendet. Einige der hauptsächlichen phonologischen Realisationen in den Dialekten wurden bereits erwähnt (die angeführten Varianten sind diejenigen der Hauptdialekte): alle Stufen: -nt > -n; Stufe II: -it > -et/-at, -ai > -e/-a, -em > -en/-an, -ent > -en/-an; Stufe III: -ais > -es/-is, -aist > -est/-ist, -(a)som > -son/-on, -asoch > -soch/-och, -asant > -son/-on. In den meisten Dialekten sind die abweichenden Suffixe der unregelmäßigen Verben mit denen des regelmäßigen Verbs zusammengefallen, z. B. III *mynd*: es, est statt *euthum, aethost*; *bod*: *bues, buest* statt *bûm, buost*.

4.6.3 Das periphrastische System

Der Ausdruck "periphrastisches Verb" wird hier und in normativen Grammatiken für verbale Syntagmen verwendet, in denen die grammatische und die semantische Information auf verschiedene Wörter aufgeteilt sind. Die umfassendste periphrastische Struktur ist jene, die aus *bod* (als Hilfsverb) + *yn/wedi/wedi bod yn* + semantisches VN besteht: *Yr wyf yn rhedeg*. "Ich laufe gerade." *Yr wyf wedi rhedeg*. "Ich bin gelaufen." *Yr wyf wedi bod yn rhedeg*. "Ich lief (ich war beim Laufen)." Da *bod* neun flektierte Stufen aufweist, bedeutet dies, daß von einem regelmäßigen Verb (zumindest theoretisch) 27 periphrastische

Stufen und sechs flektierte Stufen gebildet werden können.

Wie bei so vielen anderen Facetten der Struktur des Kymrischen ist eines der auffälligsten Merkmale bei der Verwendung der Verben der Kontrast zwischen der Praxis des lit. Kymrisch und der des ugs. Kymrisch. Die Stufe I (**rhedaf**) und die Umschreibung durch die Stufe I von **bod** + **yn** + VN (**yr wyf yn rhedeg**) verdeutlichen dies. Im lit. Kymrisch bezeichnet die flektierte Form das zeitlose Präsens "ich laufe", das momentane Präsens "ich laufe (gerade)" und das Futur "ich werde laufen". Die periphrastische Form kann zwei dieser Bedeutungen bezeichnen, das zeitlose Präsens und das momentane Präsens. Jedoch ist bei beiden Bedeutungen die prestigehältige Form die "kurze" Form, wobei die periphrastische Form (selten) als stilistische Variante auftritt. Im nichtlit. Kymrisch (mit Ausnahme von ein oder zwei statischen Verben) ist die Stufe I auf die futurische Bedeutung "ich werde laufen" beschränkt, während die periphrastische Form das zeitlose Präsens "ich laufe" und das momentane Präsens "ich laufe (gerade)" bezeichnet. Auch die Distribution der Stufe II im Gegensatz zu Stufe II von **bod** + **yn** + VN ist ein Registerindikator. Im lit. Kymrisch bezeichnet die Stufe II (**rhedwn**) die gewohnheitsmäßige Vergangenheit "ich pflegte zu laufen", die momentane Vergangenheit "ich lief (gerade)" und den Konditional "ich würde laufen". Die periphrastische Form (**yr oeddwn yn rhedeg**) kann die momentane Vergangenheit und die gewohnheitsmäßige Vergangenheit bezeichnen, wird aber als weniger prestigehältige stilistische Variante angesehen. Im nichtlit. Kymrisch ist die Stufe II auf den Konditional beschränkt, während die periphrastische Form die momentane Vergangenheit und (in den meisten Dialekten) die gewohnheitsmäßige Vergangenheit bezeichnet. Die letztere Bedeutung wird in manchen Dialekten (und wahlweise im lit. Kymrisch) durch Stufe VI von **bod** + **yn** + VN (**byddwn yn rhedeg**) bezeichnet.

Wie oben ausgeführt, besteht in den nichtlit. Registern (im Gegensatz zum lit. Kymrisch) die Tendenz, semantische Überlappungen zu beseitigen. Diese Tendenz zeigt sich auch an der Spezialisierung der Stufe III (**rhedais**), das Präteritum "ich lief" (engl. preterite, *I ran*) zu bezeichnen, und von Stufe I von **bod** + **wedi** + VN (**yr wyf wedi rhedeg**), das Perfekt "ich bin gelaufen" (engl. present perfect, *I have run*) zu bezeichnen. Im lit. Kymrisch bezeichnet die Stufe II häufig beide Bedeutungen: **Rhedais ddoe.** "Ich lief gestern." **Rhedais lawer gwaith o'r blaen.** "Ich bin schon oft gelaufen." Zur Bezeichnung des Plusquamperfektes ("ich war gelaufen") kann das lit. Kymrisch sowohl die Stufe IV (**rhedaswn**) als auch Stufe II von **bod** + **wedi** + VN (**yr oeddwn wedi rhedeg**) verwenden. Im nichtlit. Kymrisch drückt nur die periphrastische Form diese Bedeutung aus.

Die Impersonalformen sind, wie oben bereits bemerkt wurde, eines der Hauptkennzeichen des literarischen Registers. Sie sind im heutigen Kymrisch echte Impersonalformen (obwohl es im Mittelkymrischen einige Beispiele der Verwendung als Passiv der 3. Sg. gibt, z. B. **dihennydyir** (H. LEWIS (1958): 49.180) "er wird exekutiert werden") und werden daher von intransitiven Verben gebildet: **diflannwyd** "es verschwand (ein Verschwinden geschah)" und von Verben, deren Objekte von Präpositionen abhängen: **Edrychwyd arno.** "Man blickte auf ihn." Dieser unpersönliche Status wird durch die Tatsache bestätigt, daß die Akkusativform als präfigiertes Pronominalobjekt transitiver Impersonalformen dienen kann: **Ni'm gwelwyd.** "Man sah mich nicht." (Die alternative Verwendung der nachgestellten Grundform des Pronomens ist, wie dargelegt wurde, eine spätere Entwicklung.) In den nichtliterarischen Registern hat eine umschreibende Konstruktion, bestehend aus *cael* "erhalten, bekommen" (als Passivhilfsverb) + anaphorisches Genitivpronomen + VN die Impersonalformen fast völlig verdrängt: **Cefais fy ngweld.** "Ich wurde gesehen (Ich habe mein Gesehen-werden erlangt)." Dies ist eine eigentliche Passivkonstruktion und läßt sich auf intransitive Verben ebensowenig anwenden wie auf solche mit Präpositionalobjekt. Daher gibt es keine periphrastische Entsprechung zu **diflannwyd** oder **Gofynnwyd am help.** "Es wurde um Hilfe gebeten.", und derartige Inhalte müssen durch andere Strukturen widergegeben werden.

Im Mittelkymrischen dient das Verb **gwneuthur/gwneud** "machen, tun" normalerweise als Hilfsverb in einer periphrastischen Struktur, die aus dem semantischen VN + Relativpartikel **a** + flektierter Form von **gwneud** besteht: **Eistedd a wnaeth.** "Er saß (Sitzen tat er)." Diese Konstruktion kommt immer noch vor, ist aber jetzt markiert, z. B. als Gegenüberstellung: **Cerdded a wnaeth nid rhedeg.** "Er ging, er saß nicht.", **Methu a wna os na fydd yn ofalus.** "Fallen wird er, wenn er nicht vorsichtig ist." Im nördlichen Kymrisch gibt es eine anders geordnete Konstruktion, bei der das Hilfsverb **gwneud** dem VN vorangeht, wobei das letztere (als Objekt eines flektierten Verbs) leniert wird: **Nawn** (lit. kymr. **Gwnawn**) **ni weld John fory.** "Morgen werden wir John sehen." **Nath** (lit. kymr. **gwnaeth**) **John fynd adra.** "John ging nach Hause." Diese Konstruktion ist semantisch neutral und synonym den entsprechenden flektierten Stufen. Sie ist in den Dialekten, in denen sie vorkommt, produktiv und tendiert dazu, alle "Kurzformen" zu ersetzen (außer den Imperativ, wo sie nicht auftritt).

Zwei Verben, *gadael* "erlauben, verlassen" und *peidio (â)* "(sich) weigern", haben eine beschränkte Distribution als Hilfsverben. Eine Konstruktion, bestehend aus Impv. 2. Sg. oder Pl. von *gadael + i* "zu" + *ni* + VN (*Gad/Gadewch i ni fynd!* "Laßt uns gehen!") hat den flektierten Impv. 1. Pl. (in diesem Falle *awn*) fast völlig verdrängt. Die periphrastische Konstruktion aus dem Imperativ von *peidio (â)* + VN hat den flektierten, verneinten Impv. in allen Formen des Kymrischen gänzlich verdrängt: *Paid/Peidiwch (â) mynd!* "Geh/Geht nicht!", *Peidied (â) mynd!* "Laßt ihn nicht gehen!". Die Konstruktion des verneinten Impv. 1. Pl. ist *Gad/Gadewch i ni beidio â mynd!* "Laßt uns nicht gehen!". Heutzutage wäre sogar im lit. Kymrisch die historische Struktur des verneinten Imperativs (z. B. *Nac ewch!* "Geht nicht!") unakzeptabel formell.

4.6.4 Die Quasimodalverben

Einige verbale Inhalte, die im Mittelkymrischen mit flektierten Verbalformen verbunden waren, sind nach und nach auf Quasimodalverben übergegangen. Eine "Fähigkeit", die im Mittelkymrischen durch die Stufen I und II des semantisch entsprechenden Verbs ausgedrückt werden konnte: *Ef a glywei twrwf.* "Er konnte ein Geräusch hören.", wird jetzt fast immer durch *gallu* (oder weniger häufig *medru*) + VN ausgedrückt: *Gallai glywed* ... Das Verb *dyl-* (das bis auf die Formen der Stufen II und

IV defektiv ist) drückt eine "Verpflichtung" aus: **Dylwn fynd.** "Ich sollte gehen." Weder **gallu** noch **dyl-** haben irgendeine andere Funktion als den Ausdruck der Modalität. **Medru** hat eine beschränkte semantische Funktion bei Wörtern, die eine Sprache bezeichnen: **Yr wyf yn medru'r Gymraeg.** "Ich kann Kymrisch." Die "Erlaubnis", die im Mittelkymrischen durch den Konjunktiv ausgedrückt wurde: **Ac un dyrnaut a rodych di idaw.** "Und du darfst ihm einen Schlag geben.", wird nunmehr entweder durch **cael**: **Cei roi un dyrnod iddo.** oder **gallu**: **Gelli roi ...** ausgedrückt. **Cael** dient auch als semantisches Verb "erhalten, bekommen, nehmen": **Caf frecwast am saith.** "Ich frühstücke um sieben (Ich nehme Frühstück um sieben)."; ebenso dient es als Hilfsverb beim Passiv (siehe oben). **Mynnu**, das ursprünglich einen "Wunsch" bezeichnete und jetzt meist ein "Beharren" bedeutet: **Mae'n mynnu mynd.** "Er will unbedingt gehen.", kommt im lit. Kymrisch manchmal noch in seiner ursprünglichen semantischen Funktion vor: **A fynni di ychydig o gaws?** "Möchtest du ein wenig Käse?". **Gwneud**, das, wie beschrieben, sowohl als Hilfsverb als auch als semantisches Verb "machen, tun" dient, bezeichnet auch die "Bereitwilligkeit": **A wnei di wneud y gwaith?** "Bist du bereit, die Arbeit zu machen?". Einige Modalitäten werden durch andere Systeme ausgedrückt, z. B. die "Notwendigkeit" durch **bod** + (**yn**) + **rhaid** "Notwendigkeit" + **i** "für" + Agens + VN: **Mae('n) rhaid i John fynd.** "John muß gehen. (Es besteht die Notwendigkeit für John zu gehen.)" Ein "Verlangen" kann durch eine Vielzahl von Konstruktionen ausgedrückt werden, die prestigehältigste davon ist **bod** + **eisiau** "Bedarf" + VN + **ar** "auf" + Agens: **Y mae eisiau mynd ar John.** "John will gehen. (Es ist Bedarf zu gehen auf John.)" In einer konkurrierenden und produktiven Konstruktion steht das Agens in der Subjekt-Position: *Mae John eisiau mynd.* **Bod** + Agens-Subjekt + *am* + VN ist damit synonym: *Mae John am fynd.* (wörtl.: "John ist beim Gehen."), doch drückt diese Konstruktion im nördlichen Kymrisch eine "Absicht" aus: "John hat die Absicht zu gehen." Die Quasimodalverben **gallu, medru, dyl**- und **cael** haben eine formale Eigenschaft gemeinsam, sie besitzen keinen Imperativ.

4.7 Wortbildung

Die Wortbildung mittels Präfigierung, Suffigierung und Zusammensetzung war immer eine reiche Quelle von Neubildungen, vor allem im lit. Kymrisch (Sie ist in der Tat ein weiterer Registerindikator.) Diese drei Wortbildungsmechanismen bilden eine brauchbare Methode, vergleichbare englische Bildungen zu übertragen. Z. B. entspricht **gor**- engl. *over*-: **gorlwytho** "überladen" engl. *overload*, **gorgyffwrdd** "überlappen" engl. *overlap*; **is**- entspricht engl. *sub-, under-, infra*-: **iswerthu** "unterbieten" engl. *undersell*, **is-bwyllgor** "Unterkomitee" engl. *subcommittee*, **isgoch** "infrarot" engl. *infrared*; **-iedig** wird verwendet, um (wo es möglich ist) englische Verbaladjektive auf *-ed* zu übertragen: **printiedig** "gedruckt" engl. *printed*, **teipiedig** "maschingeschrieben" engl. *typed*; **-adwy**, um englische Verbaladjektive auf *-able, -ible* zu übertragen: **bwytadwy** "eßbar" engl. *edible*, **golchadwy** "waschbar" engl. *washable*, **printadwy** "druckbar" engl. *printable*; und **-oleg** für englische Substantive auf *-ology*: **morffoleg** *morphology*, **seicoleg** *psychology*, **ecoleg** *ecology*, **anthropoleg** *anthropology*, **ffonoleg** *phonology*. Es muß aber betont werden, daß jetzt fast alle Wortbildungssuffixe und -präfixe nur noch im lit. Kymrisch produktiv sind, und daß nur sehr wenige Neubildungen im spontan gesprochenen ugs. Kymrisch (wo die engl. Bildungen unassimiliert übernommen werden) akzeptiert werden.

Es gibt zwei Typen der Komposition, den syntaktischen (bei dem die Morpheme der normalen Ordnung Head + Modifier folgen: **hindda** "Schönwetter" < **hin** "Wetter" + **da** "gut") und den asyntaktischen (Modifier + Head: **ysgoldy** "Schulhaus" < **ysgol** "Schule" + **tŷ** "Haus"). (In der kymrischen grammatischen Terminologie wird der erste Typ als "irregulär", der zweite als "regulär" bezeichnet.) Aus verschiedenen Gründen war der asyntaktische Typ im lit. Kymrisch immer besonders produktiv. Dies resultiert zum Teil aus den Zwängen der hochstrukturierten metrischen Dichtung, in der die Silbenbetonung eine zentrale Rolle spielt. Die große Mehrzahl derartiger Kompositionen war und ist kurzlebig, aber das System selber ist (wie die Häufigkeit seiner Verwendung in den Bibelübersetzungen zeigt) prestigeträchtig. In der heutigen Wortprägung ist das System vor allem bei der Übertragung englischer Modifier+Head-Komposita nützlich, z. B. **seindon** "Schallwelle" engl. *soundwave* (< **sain** "Schall" + **ton** "Welle"), **chwythbib** "Lötrohr" engl. *blowpipe* (< **chwyth** "Atemstoß" + **pib** "Rohr"), **plaengan** "Choralgesang" engl. *plainsong* (< **plaen** "einfach" + **cân** "Lied"), **gwefusgrynder** "Lippenrundung" engl. *liprounding* (< **gwefus** "Lippe" + **crynder** "Rundung"). Im Gegensatz zum lit. Kymrisch war die spontane Wortneubildung fast immer vorherrschend syntaktisch, wie die überwältigende Zahl von Ortsnamen zeigt: **Llanfair** "Marienkirche" (< **Llan** "Kirche" + **Mair**

"Maria), *Aberystwyth* "Mündung (des Flusses) *Ystwyth*", *Rhydfelen* "Gelbfurt" (< *rhyd* "Furt", *melen* "gelb"). Neubildungen als syntaktische Phrasen sind sehr häufig: *brws dannedd* "Zahnbürste" (< *brws* "Bürste" + *dannedd* "Zähne"), *lein ddillad* "Wäscheleine" (< *lein* "Leine" + *dillad* "Wäsche"), *jwg laeth* "Milchkanne" (< *jwg* "Kanne" + *llaeth* "Milch"), *cyllell fara* "Brotmesser" (< *cyllell* "Messer" + *bara* "Brot"). Einige dieser Phrasen entwickelten sich zu phonologischen Wörtern, typischerweise durch Pänultima- oder Endbetonung (*péncerdd* "Chefbarde (Haupt des Gesangs)", *tad-cú* "Großvater (lieber Vater)") und durch Untrennbarkeit gekennzeichnet. Wie die Prä- und Suffigierung ist die syntaktische Wort- und Phrasenzusammensetzung im ugs. Kymrisch nicht mehr produktiv. Der Unterschied zwischen der älteren einheimischen Phrasenzusammensetzung *papur wal* "Tapete" engl. *wallpaper* und den jüngeren (nicht assimilierten) *sandpaper, ricepaper* verdeutlicht dies.

5. Syntax

5.1 Nominalphrase

Die dominierende Konstituentenordnung der NP ist Head + Modifier, wie auch die Stellung des attributiven Adjektivs zeigt: **dyn mawr** "großer Mann", **dyn hapus** "glücklicher Mann". Die umgekehrte Stellung ist normalerweise nur in der Dichtung akzeptabel; wie bei allen Typen der Wort- oder Konstituentenverschiebung wird die rechtsverschobene Konstituente leniert: **hapus ddyn**. Von den ganz wenigen Adjektiven, die normalerweise dem Head vorausgehen, ist **hen** "alt" das häufigste. Obwohl dies seine normale Position ist, gilt die SM-Regel trotzdem: **hen ddyn** "alter Mann". Wenn jedoch irgendein Modifier (wie z. B. **iawn** "sehr" oder **lled** "ziemlich") zum Adjektiv hinzutritt, erfolgt die Umkehrung der normalen Stellung: **dyn hen iawn** "ein sehr alter Mann", **dyn lled hen** "ein ziemlich alter Mann". In einigen Fällen drückt die Stellung einen lexikalisierten Unterschied aus: **dyn unig** "einsamer Mann", **unig ddyn** "einziger Mann"; **gwyn pur** "rein weiß", **pur wyn** "ziemlich weiß". Die lineare Ordnung innerhalb von Adjektivketten ist nicht besonders streng; sowohl **ci mawr du** "großer, schwarzer Hund (Hund groß schwarz)" als auch **ci du mawr** ("Hund schwarz groß") sind zulässig. Trotzdem ist die normale Abfolge **bach/mawr** "klein/groß" + "Farbe" + weitere Adjektive: **esgidiau bach coch newydd** "neue kleine rote Schuhe", **sgarff fawr ddu a gwyn gynnes** "ein großer, warmer, schwarz-weißer Schal". Adjektive im Äquativ und Komparativ werden normalerweise vorangestellt: **Mae e cystal dyn â'i frawd.** "Er ist ein ebenso guter Mensch wie sein

Bruder." *Ni welwch well dyn.* "Ihr werdet keinen besseren Menschen sehen.", aber die SM wird nicht ausgelöst. Die genitivische Funktion der Substantive wird nicht explizit ausgedrückt, außer durch die Stellung (nämlich hinter dem Head): *siop merched* "Mädchenladen, engl. *girls' shop*", *merched siop* " Ladenmädchen, Verkäuferinnen".

Das Zahlensystem ist eine Mischung aus einigen einfachen Zahlen (*un* "eins" bis *deg* "zehn", *ugain* "zwanzig", *cant* "hundert", *mil* "tausend", *miliwn* "Million"), Zusammensetzungen (z. B. *deuddeg* "zwölf" (< *dau* "zwei" + *deg*), *deunaw* "achtzehn" (*dau* + *naw* "neun") und Phrasen (z. B. *un ar ddeg* "elf (eins auf zehn)", *pedwar ar bymtheg a phedwar ugain* "neunundneunzig (vier auf fünfzehn und vier Zwanziger)"). Die Zahlwörter gehen den Substantiven voraus und können, ausgenommen *un*, sowohl attributiv als auch partitiv konstruiert werden. Im ersten Falle steht das Substantiv im Singular: *tri dyn* "drei Männer" und folgt dem ersten Wort einer Zahlwortphrase: *pedwar dyn ar bymtheg* "neunzehn Männer (vier Mann auf fünfzehn)". Bei der partitiven Konstruktion steht das Substantiv im Plural und *o* "von" geht ihm voraus: *tri o ddynion* "drei Männer (drei von Männern)". Bei der partitiven Konstruktion folgt das Substantiv der gesamten Zahlwortphrase; *pedwar ar bymtheg o ddynion* "neunzehn Männer (vier auf fünfzehn von Männern)". Die attributive und die partitive Konstruktion sind nicht immer frei variabel. Die "Zeit": *pum munud i dri* "fünf Minuten vor drei" und das "Alter": *saith mlwydd oed* "sieben Jahre alt" werden immer attributiv konstruiert, während *mil* "tausend" und *miliwn* "Million" nur in partitiven Strukturen verwendet werden: *mil o dai* "tausend Häuser". Die partitive Konstruktion scheint bei zusammengesetzten oder phrasischen Zahlwörtern vorgezogen zu werden. Eine bemerkenswerte Eigenschaft des ugs. Kymrisch (auch unter den wenigen verbliebenen nahezu monoglotten Sprechern) ist die Substitution engl. Zahlwörter (einfache Zahlwörter sind ausgenommen) in den meisten Situationen, in denen Zahlen verwendet werden: *Bydd Wil yn ninety-three fory.* "Will wird morgen dreiundneunzig." In derartigen Fällen wird natürlich die partitive Konstruktion verwendet: *Bydd seventy-five o ddynion yn colli eu gwaith.* "Fünfundsiebzig Männer werden ihre Arbeit verlieren." Die Ordinalia werden ebenfalls vorangestellt (außer *cyntaf* "erster"), unterscheiden sich strukturell von den Kardinalia aber dadurch, daß sie genus-sensitiv sind, vgl. *y pum merch* "die fünf Mädchen" (keine SM des Zahlworts *pum* oder des folgenden Substantives f. Sg.) mit *y bumed ferch* "das fünfte Mädchen" (SM des Ordinale *pumed* und des folgenden Substantives f. Sg.). Das System der Ordinalia wurde wie das der Kardinalia stark durch englische Interferenz verändert.

Es gibt keinen unbestimmten Artikel, und dieser Umstand kann zu geringen Ungenauigkeiten führen. Es gibt z. B. keine Möglichkeit "ein König von England" (*brenin Lloegr*) anders auszudrücken als "der König von England" (*brenin Lloegr*), außer durch solche Umschreibungen wie *un o frenhinoedd Lloegr* "einer von Englands Königen".

Die phonologischen Formen des bestimmten Artikels wurden bereits erwähnt. Zu den bemerkenswerteren syntaktischen Merkmalen der Bestimmtheit zählt das Fehlen des Artikels vor dem Head, wenn er von einem Genitiv gefolgt wird: *llaw'r dyn* "die Hand des Mannes", *brenin Lloegr* "der König von England". Die Position des

Artikels kann zur Unterscheidung zwischen einer phraseologischen Zusammensetzung: *y drws tŷ* "die Haustüre" und einer Head+Genitiv-Konstruktion: *drws y tŷ* "die Türe des Hauses" dienen. Der bestimmte Artikel muß in Ausdrücken wie *i'r ysgol* "zur Schule", *o'r dref* "aus der Stadt", *yn yr eglwys* "in der Kirche" (wo das Englische den Artikel wegläßt) gesetzt werden, desgleichen bei allen adjektivischen Demonstrativpronomina: *y dyn hwn* "dieser Mann" und in allen Ausdrücken quantitativer Beziehungen: *swllt y pwys* "ein Schilling pro Pfund", *ugain milltir yr awr* "zwanzig Meilen pro Stunde". Er tritt vor gewöhnlichen Substantiven auf, die als Vokative oder Ausrufe dienen; *y ffŵl!* "Du Dummkopf!" *y ci, tyrd yma!* "Hund, komm her!" und vor Namen von Ländern, die mit Vokal beginnen: *yr Eidal* "Italien", *yr Amerig* "Amerika". (*Iwerddon* "Irland" bildet eine Ausnahme, ebenso einige neuere, nicht assimilierte Entlehnungen, wie z. B. *America* und *Affrica*.) Vor Flußnamen steht der bestimmte Artikel traditionellerweise nicht: *Tafwys* "die Themse", doch bildet *yr Iorddonen* "der Jordan" eine Ausnahme, und die englische Interferenz führt im heutigen Kymrisch oft dazu, daß der Artikel gesetzt wird.

Die meisten Indefinitpronomina, Bestimmungswörter und Pronomina stehen vor dem Head, und da sie syntaktisch adjektivisch sind, lösen sie SM aus: *rhyw ddyn* "irgendein Mann", *ambell ddyn* "ein gewisser Mann", *y naill ddyn* "der eine Mann (in Opposition zum "anderen")", *amryw ddynion* "verschiedene Männer", *y cyfryw ddyn/ddynion* "so ein Mann/solche Männer", *unrhyw ddyn/ddynion* "jeder beliebige Mann/jede beliebigen Männer", *yr holl ddyn* "der ganze Mann", *yr holl ddynion* "all die Männer", *ychydig fenyn/ddynion* "ein wenig Butter/wenige Männer".

Beispiele für die Stellung hinter dem Head sind: *arall*: *y dyn arall* "der andere Mann"; *oll*: *y dynion oll* "all die Männer" und *i gyd*: *y dynion i gyd* "alle Männer". Im Falle von **pob** *dyn* "jeder Mann", *sawl dyn* "viele (eine Anzahl) Männer", *rhai dynion* "einige Männer" (in Opposition zu "ein Mann") ist die grammatische Beziehung ähnlich der zwischen Zahlwort und Substantiv: Die SM tritt nicht ein. Folgende Bestimmungswörter treten nur in partitiven Konstruktionen auf: *digon* "genug", (*digon o fenyn/ddynion* "genug Butter/Männer"), *gormod* "zu viel(e)" (*gormod o fenyn/ddynion*), *rhagor* "mehr" (*rhagor o fenyn/ddynion*), *llai* "weniger" (*llai o fenyn/ddynion*), *mwy* "mehr" (*mwy o fenyn/ddynion*). *Ychydig* "(ein) wenig" kann attributiv auftreten (siehe oben), ist aber normalerweise partitiv: *ychydig o fenyn/ddynion*. *Llawer* "viel(e)" wird bei zählbaren Substantiven im Sg. attributiv konstruiert: *llawer dyn* "manch ein Mann", bei zählbaren Substantiven im Pl.: *llawer o ddynion* "viele Männer" und unzählbaren Substantiven: *llawer o fenyn* "viel Butter" jedoch partitiv. Viele der angeführten Wörter können in Head-Position stehen (nicht jedoch *ambell*, *rhyw*, *unrhyw*, *holl*, *pob*, *sawl*). *Pawb/pobun* "jeder", *popeth* "alles", *rhywun* "irgendwer", *rhywrai* "einige", *pobman* "überall" können nur substantivisch verwendet werden. *Dim* "nichts" und *neb* "niemand" waren dem Sinn nach ursprünglich (und sind es in gewissen Situationen immer noch) postitiv: "etwas" und "jemand". Die Verschiebung ins Negative wurde durch die häufige Verbindung mit den Negationspartikeln *ni/na* verursacht: *Ni welaf ddim/neb.* "Ich sehe nichts/ niemanden." Im lit. Kymrisch ist ihre Verwendung (im negativen Sinne) ohne begleitende Negationspartikel auf Antwortsituationen beschränkt: *Beth a weli? Dim.* "Was siehst du? Nichts."

5.2 Präpositionalphrase

Die meisten einfachen Präpositionen werden flektiert, wenn das Objekt ein Pronomen ist, z. B. **tros** "über", **trosof** "über mich" (siehe oben), und dies trifft auch auf zusammengesetzte Präpositionen mit einer flektierbaren Form am Ende zu, z. B. *allan o* "hinaus aus", *allan ohonof* "hinaus aus mir". Das Pronominalobjekt einer nicht flektierbaren Präposition ist das Grundpronomen, z. B. *gyda* "mit", *gyda ni* "mit uns". Das Pronominalobjekt einer zusammengesetzten Präposition (d. h. Präposition + Substantiv) wird als Genitivpronomen, das dem Substantiv vorausgeht, realisiert, z. B. *o flaen* "vor": *o'i flaen* "vor ihm" (vgl. *o flaen John* "vor John"), *wrth ochr* "neben": *wrth eu hochr* "neben ihnen" (vgl. *wrth ochr y dynion* "neben den Männern").

Einzelne Präpositionen können entweder einen sehr weiten funktionellen Bereich haben (z. B. **am** "(im Austausch) für, zu (einer bestimmten Zeit), (ungefähr) um, usw.") oder einen sehr eingeschränkten (z. B. *mewn* "in" (aber nur vor unbestimmten Substantiven)). Ein bemerkenswerter Grad an Präzision ist mit **o** "von" und verwandten zusammengesetzten Präpositionen verbunden: *o'r llawr* "vom Boden", *oddi ar y silff* "vom Regal", *oddi wrth y bachgen* "vom Knaben", *oddi am fy ngwddf* "von meinem Nacken". Viele dieser unterschiedlichen Schattierungen gehen in der derzeitigen zweisprachigen Übergangssituation verloren.

5.3 Der Hauptsatz

Kymrisch ist eine sogenannte VSO-Sprache, das heißt die Konstituenten eines unmarkierten, verbalen Aussagesatzes zeigen die Wortstellung Verb (V) + Subjekt (S) + Objekt (O). Dies gilt sowohl für den positiven Satz:

    V   S   O
    Gwelodd y bachgen y dyn.
    sah   der Knabe den Mann
    "Der Knabe sah den Mann."

als auch für den negativen: **Ni welodd y bachgen y dyn.** "Der Knabe sah den Mann nicht." Die erste Objekt-NP wird leniert, so sie direkt auf das flektierte Verb folgt: **Gwelodd bachgen ddyn.** "Ein Knabe sah einen Mann." (vgl. **Gwelodd bachgen y dyn.** "Ein Knabe sah den Mann.") Andernfalls ist die Stellung der einzige formale Indikator von S und O. Wenn das Verb umschrieben ist, folgt S dem flektierten Quasimodal- oder Hilfsverb, O dem VN: **Gall y bachgen weld y dyn.** "Der Knabe kann den Mann sehen." **Y mae y bachgen yn gallu gweld y dyn.** "Der Knabe kann den Mann sehen." Da das VN das grammatische Objekt des flektierten Quasimodalverbs im ersten Satz ist, wird es leniert.

Die Form der 3. Sg. I von **bod** bedarf weiterer Erklärungen, weil es vier verschiedene Formen gibt: **mae, yw/ydyw, oes** und **sydd**. Im positiven Aussagesatz muß **mae** sowohl als *verbum substantivum*: **Mae'r bachgen yma.** "Der Knabe ist hier." als auch als Hilfsverb: **Mae'r bachgen yn gweld y dyn.** "Der Knabe sieht den Mann."

gesetzt werden. In entsprechenden negativen Sätzen muß *yw/ydyw* (in freier Variation) verwendet werden, wenn S bestimmt ist: *Nid yw/ydyw'r bachgen yma.* "Der Knabe ist nicht hier." *Nid yw/ydyw'r bachgen yn gweld y dyn.* "Der Knabe sieht den Mann nicht." Bei unbestimmtem S ist jedoch *oes* die vorgeschriebene Variante: *Nid oes bachgen yma.* "Hier ist kein Knabe." *Nid oes neb yn edrych ar y dyn.* "Niemand schaut den Mann an." Gattungs-bezeichnungen gelten als bestimmt und bedingen deshalb die *yw/ydyw*-Form: *Nid yw dyn yn hedfan.* "Der Mensch fliegt nicht." (vgl. *Nid oes dyn yn hedfan.* "Es gibt keinen fliegenden Menschen.") *Sydd* ist die Relativform und wird später besprochen werden.

Im geschriebenen Dialog und zunehmend auch in allen weniger formalen Typen des lit. Kymrisch gehen V in positiven Aussagesätzen die Aussagepartikeln *fe/mi* (die zweite ist regionaler als nördlich markiert), die SM auslösen, voraus: *Fe/Mi welodd y bachgen y dyn.* "Der Knabe sah den Mann." *Fe/Mi fydd y dyn yma.* "Der Mann wird hier sein." Eine Ausnahme bilden die Formen von *bod* ohne *b-* am Anfang (d. h. die Stufen I und II). Bei diesen ist die affirmative Partikel (die im lit. Kymrisch, außer bei *mae*, vorgeschrieben ist) *y(r)*: *Yr wyf yma.* "Ich bin hier." *Yr oedd y bachgen yn cerdded.* "Der Knabe ging spazieren." Im ugs. Kymrisch werden diese Partikeln fast immer weggelassen, aber sofern SM ausgelöst wird, bleibt sie erhalten.

Zwischen V und einem pluralischen substantivischen Subjekt besteht keine Numeruskongruenz, d. h. das Verb steht in der Singularform: *Gwelodd y dyn/dynion ...* "Der Mann sah/Die Männer sahen ..." Übereinstimmung findet nur mit einem pronominalen Subjekt statt: **gwelodd** "er/sie/es sah", **gwelsant** "sie sahen".

Die Form des negativen Aussagesatzes ist ein klarer Registerindikator. Im lit. Kymrisch nehmen **ni/nid** (die Varianten sind phonologisch bedingt) die Position der Negationspartikel ein: **Ni welodd y bachgen ddyn.** "Der Knabe sah keinen Mann." **Nid yw'r bachgen yma.** "Der Knabe ist nicht hier." Im ugs. Kymrisch ist jetzt **ddim** – ursprünglich das betonte Element einer getrennten Verneinung hinter dem S: **Ni welodd y bachgen ddim dyn.** "Der Knabe sah keinen einzigen Mann." – in den meisten Kontexten das einzige Merkmal der Negation: **Welodd y bachgen ddim dyn.** Die AM von <p>, <t>, <c> (ausgelöst von **ni/na**) gibt es noch in einigen Dialekten: **Chlywodd y bachgen ddim sŵn.** "Der Knabe hörte keinen Ton." (< **clywodd**), doch wird V in den meisten Dialekten generell leniert, sowohl in positiven als auch in negativen Aussagesätzen. Im Falle von **oes** (obligatorisch vor unbestimmtem S) ist die Form der postponierten Negation **dim** und geht dem S voraus: **D oes dim dyn yma.** "Es gibt hier keinen Menschen." Das **d** ist der phonologische Rest der präverbalen Negationspartikel. Dieses **d** tritt auch obligatorisch mit der **yw/ydyw**-Form von **bod** auf: **D yw/D ydi'r bachgen ddim yma.** "Der Knabe ist nicht hier." Im südlichen Kymrisch gibt es eine andere weitverbreitete Negationsstruktur, die mit der Stufe I von **bod** auftritt. Es gibt kleinere Varianten der Realisierung, z. B. **s(n)a/simo** (**S(n)a i/Simo fi'n mynd.** "Ich gehe nicht."), aber alle sind das Resultat der Verschmelzung von **Nid oes dim o** ... "Es gibt nichts von ..." Das ugs. Kymrisch unterscheidet formal zwischen einem bestimmten und einem unbestimmten Objekt. Im ersten Falle geht dem Objekt die Präposition **o** "von" voraus: *Welodd y bachgen (ddi)m o'r dyn.* "Der Knabe sah den Mann nicht.", im zweiten nicht: *Welodd y bachgen ddim dyn.* "Der Knabe sah keinen Mann."

Die Position der meisten Adverbien ist weniger fest als die von V, S und O. Nichtsdestoweniger ist die normale Position adjunkter Adverbien in allen Satztypen hinter O: *Gwelais y bachgen ddoe.* "Gestern sah ich den Knaben." *Gwelais y bachgen mewn car.* "Ich sah den Knaben in einem Auto." Adjektive werden durch Vorsetzen der Partikel *yn*, die eine eingeschränkte SM auslöst, adverbialisiert: *Rhedodd y bachgen yn gyflym.* "Der Knabe rannte schnell." (< *cyflym*). Substantive oder Nominalphrasen in adverbieller Verwendung werden normalerweise leniert: *Arhosais flwyddyn.* "Ich wartete ein Jahr." (< *blwyddyn*), *Gwelais ef lawer gwaith.* "Ich sah ihn viele Male." (< *llawer gwaith*).

5.4 Inversion

Wie in vielen VSO-Sprachen ist die Inversion ein recht häufiges Phänomen in positiven Aussagesätzen. Die Kopula, die ursprünglich der vorgezogenen Konstiuente voranging, verschwand in altkymrischer Zeit, sodaß die Relativisierung von V als einziger Indikator der Inversion übrig blieb. V wird relativisiert, indem die Partikel *a* + SM (wenn S oder O eines flektierten Verbs nach vorne gestellt werden) oder *y(r)* (wenn sonstige Konstituenten nach vorne gestellt werden) V vorangestellt wird. In der 3. Sg. I von *bod* gibt es noch eine einzige spezielle Relativform, *sydd*, wenn S nach vorne gestellt wird. Die Inversion ist obligatorisch, um einen Kontrast zu betonen: *Y bachgen a welodd y dyn.* "(Es war) der Knabe, der den Mann sah." *Nid y bachgen a welodd y dyn.* "(Es war) nicht der Knabe, der den Mann sah." Doch tritt die Inversion – zumindest fakultativ – auch bei vielen anderen Gesprächsfunktionen auf, z. B. erklärenden Aussagesätzen: *Y gwynt a rwystra hynny.* "Der Wind verhindert das.", Ankündigungen: *John Jones a fydd yn pregethu heno.* "John Jones wird heute abend predigen.", zu Verbindungszwecken: *Dywedodd y byddai yma y dydd Sul canlynol; dydd Sul a ddaeth ond ni ddaeth yntau.* "Er sagte, er wäre am kommenden Sonntag hier; der Sonntag kam, aber er kam nicht." Die Inversion ist ein wichtiges Element des Geschichtenerzählens und des "laufenden Kommentars": *Maen nhw'n mynd at y twlc; nhad sy'n cario'r rhaff, a John sy'n agor y drws.* "Sie gehen zum Schweinestall; Vater trägt das Seil und John öffnet die Türe." In diesen Kontexten ist die Voranstellung in der Konstruktion VN + a + flektierte Form von *gwneud* besonders häufig: *Mynd a wnaeth er gwaethaf y rhybudd.* "Er ging (gehen tat er) trotz der Warnung." Optionelle Inversion ist generell auf positive Aussagesätze und positive Ergänzungsfragen beschränkt. Andere Satzarten sind starrer, was die Anordnung ihrer Konstituenten betrifft.

5.5 Entscheidungsfragen und Antworten

Wenn sie unmarkiert sind, ist die Ordnung der positiven Fragen VSO, wobei die Fragepartikel *a* (welche SM auslöst) V vorangeht: *A fydd y bachgen yn dod?* "Wird der Knabe kommen?" Bei der Stufe

I von **bod** sind die **yd**-Varianten gebräuchlich, aber nicht obligatorisch: ***A ydyw yn mynd?*** "Geht er?". Im ugs. Kymrisch wird die Partikel weggelassen, es bleibt nur die SM, und das bedeutet, daß nur die Intonation Entscheidungsfragen und positive Aussagesätze unterscheidet. Negative Fragen sind auf eine erwartete positive Antwort hin markiert; **oni(d)** + gemischte Mutation geht V voraus: ***Oni ddaeth?*** "Kam er nicht?" ***Onid yw yn dod?*** "Kommt er nicht?" Die umgangssprachliche Realisierung ist durch das Weglassen der Partikel und durch die Negation **ddim** gekennzeichnet: ***Ddaeth e ddim?*** "Kam er nicht?" ***Ydi e ddim yn dod?*** "Kommt er nicht?" In den südlichen Varianten tritt, wenn die Stufe I von **bod** erforderlich ist, die **s(na)/simo**-Form ein: ***S(n)a fe'n dod?*** "Kommt er nicht?" Die Quelle dieser Struktur wurde bereits erläutert.

Mit Ausnahme der Fragen, die ein Verb in einer Vergangenheitszeit enthalten, bestanden die Antworten ursprünglich aus der Wiederholung der entsprechenden Form des Verbs der Frage: ***A eisteddi di? Eisteddaf.*** "Wirst du dich hinsetzen? Ja (ich werde mich hinsetzen)." In allen Formen des heutigen Kymrisch ist die Antwort (außer wenn das Verb ein Hilfs- oder Quasimodalverb ist) normalerweise die flektierte Form von **gwneud**: ***A eisteddi di? Gwnaf.*** "Wirst du dich hinsetzen? Ja (ich werde (es) tun)." Dem V der Antwort geht normalerweise nie eine präverbale Partikel voraus. Bei einer negativen Antwort steht vor V aber die Negationspartikel **na(c)**: ***A eisteddi di? Na wnaf.*** "Wirst du dich hinsetzen? Nein." Auf eine Frage im Präteritum wird mittels des unflektierbaren **do** (positiv) und **naddo** (negativ) geantwortet: ***A welaist y bachgen? Do/Naddo.*** "Sahst du den Knaben? Ja/Nein." (Die Antwort mittels eines flektierten Verbs wäre in diesem Falle zwar nicht regelwidrig, aber sehr ungewöhnlich.) Fragen, die Hilfs- oder Quasimodalverben enthalten, unterscheiden sich im heutigen Kymrisch dadurch, daß sie als Antwort das flektierte Modal- oder Hilfsverb zwingend verlangen: *A fyddi di'n dod? Byddaf.* "Wirst du kommen? Ja (ich werde)." *A gei di ddod? Caf.* "Wirst du kommen dürfen? Ja." Die *yd*-Varianten der 1. und 3. Sg. und der 1., 2. und 3. Pl. I von **bod** sind obligatorisch: *A wyt yn mynd? Ydwyf.* "Gehst du? Ja." Die Antworten auf ein Präteritum sind wieder *do/naddo*: *A fuost ti yno? Do.* "Warst du dort? Ja." *A gefaist ti fynd? Do.* "Durftest du gehen? Ja." Das Hilfspronomen fehlt bei der Antwort normalerweise; wird es gesetzt, deutet es auf eine markiertere Antwort (z. B. "Zustimmung") hin: *Ei di? Af fi.* "Wirst du gehen? Ja, sehr gerne."

Bei gegenüberstellender Hervorhebung eines S wird die Frage nach den bereits dargelegten Regeln invertiert, und die Partikel *ai* wird im lit. Kymrisch der vorgezogenen Konstituente vorangestellt: *Ai y bachgen a dorrodd y ffenestr?* "War es der Knabe, der das Fenster zerbrach?" Die Partikel wird im ugs. Kymrisch weggelassen, womit lediglich die Intonation als Unterscheidungsmerkmal übrig bleibt. **Onid** ist die Negation der vorgezogenen Konstituente im lit. Kymrisch: **Onid** *y bachgen a dorrodd y ffenestr?* "War es nicht der Knabe, der das Fenster zerbrach?"; solche Fragen sind auf eine erwartete positive Antwort hin markiert. Die Negation ist im ugs. Kymrisch generell **dim**: **Dim** *y bachgen ...?* oder **nage**: **Nage'r** *bachgen ...?* "War's nicht der Bub ...?", aber diese Formen werden als Substandard angesehen. Die Antwort auf Fragen mit gegenüberstellender Betonung ist *ie* "ja", bzw. *nage* "nein", beide unflektiert, wie auch immer das Verb der Frage flektiert sein mag:

Ai John sydd/oedd/fydd yno? Ie/Nage. "War es John, der hier ist/war/sein wird? Ja/Nein." *Na* kommt häufig als generelle negative Antwort vor: *Ai John ...? Na.* "Ist es John, ...? Nein." *A ei di? Na.* "Wirst du gehen? Nein."

5.6 Imperativsätze

Ein Merkmal imperativischer Sätze ist das Fehlen sowohl einer präverbalen Partikel als auch der Anlautmutation: *Cerdda!/ Cerddwch!* "Geh/Geht spazieren!" Wenn irgendwelche Konstituenten vorangestellt werden, wird das Verb nie relativisiert: *Er mwyn y nefoedd gweithia!* "Um Himmels willen, arbeite!". Das Hilfspronomen darf (wie bei der Antwort) normalerweise nicht gesetzt werden; seine Anwesenheit signalisiert eher eine "Drohung", "Warnung" oder "Aufforderung" als einen direkten Imperativ: *Dos di!* "Geh ruhig (wenn du dich traust)!" *Gna di!* "(Dann) mach es (halt)!" Das Objektpronomen steht in Imperativsätzen in der nachgestellten Grundform: *Caria fi!* "Trag mich!" Wie bereits besprochen, wurde die Negationspartikel *na(c)*: *Nac eistedd!* "Setz dich nicht!" durch den Imperativ von *peidio â/ag*, der als negatives Hilfsverb dient, ersetzt: *Paid (ag) eistedd!* "Setz dich nicht!" Im Imperativ der 1. Pl. kommt die Struktur *gadael + i + ni + VN* vor: *Gad i ni eistedd!* "Laßt uns uns setzen!" mit der entsprechenden Negation: *Gad i ni beidio ag eistedd!* "Laßt uns uns nicht setzen!" Die Antworten auf den Imperativ haben genau dieselbe Struktur wie Antworten auf unmarkierte Entscheidungsfragen.

5.7 Ergänzungsfragen

Im frühen Mittelkymrisch gibt es einige Spuren nichtinvertierter Strukturen: **Pan doy di?** "Wo kommst du her?" **Cw threia?** "Wo verebbt es?" **Pwy gwant cath Paluc?** "Wer verwundete Palugs Katze?", aber im heutigen Kymrisch sind alle Sätze dieses Typs invertiert, wobei das Fragepronomen oder -adverb vorangestellt und das Verb relativisiert wird: **Pwy a dorrodd y ffenestr?** "Wer (= wer (ist es), der) zerbrach das Fenster?" **Beth sydd ar y bwrdd?** "Was ist auf dem Tisch (Was (ist es), das auf dem Tisch ist)?" **Pryd y gwelaist ef?** "Wann sahst du ihn (wann (war es), daß du ihn sahst)?" **Ble y mae'r bachgen?** "Wo ist der Knabe (wo (ist es), daß der Knabe ist)?" **Pam y daethost?** "Warum kamst du (warum (ist es), daß du kamst)?" **I bwy y rhoddaist y llyfr?** "Wem gabst du das Buch (wem (ist es), daß du das Buch gabst)?" Das abhängige Fragewort ist im lit. Kymrisch **pa** + SM: **Pa ddyn a welodd y bachgen?** "Welchen Mann sah der Knabe?/Welcher Mann sah den Knaben?", doch wurde es umgangssprachlich durch **pwy** + SM ersetzt: **Pwy ddyn dorrodd y ffenestr?** "Welcher Mann zerbrach das Fenster?" (Das Weglassen der Relativpartikel wurde bereits besprochen.) Englische Interferenzen führten zu Veränderungen der Präpositionalfragewörter; im ugs. Kymrisch findet sich oft eine unflektierte Präposition am Ende von Fragesätzen: **Ble mae e'n mynd i?** "Wo geht er hin?" engl. *Where is he going to?* **Pwy ddyn mae e'n siarad am?** "Über welchen Mann spricht er?" engl. *Which man is he talking about?* Aber dies gilt im lit. Kymrisch als besonderer Substandard (**I ble ...** und **Am ba ddyn ...** wären die vorschriftsmäßigen Formen).

5.8 Struktur der Sätze mit Kopula

Die ursprüngliche Konstituentenanordnung des kymrischen Kopula-Satzes war K(opula) + P(rädikat) + S, und diese Ordnung blieb in starreren Satztypen (verneinten Sätzen, Frage- und Gliedsätzen) im Mittelkymrischen vorherrschend: **canys guell uyghof i** "weil mein Gedächtnis besser ist (weil ist besser mein Gedächtnis)", **Ny bu well dy dosbarth.** "Deine Regierung war niemals besser (nicht war besser deine Regierung)." Aber in positiven Hauptsätzen dieser Periode findet sich KPS nur in den frühesten Texten: **Oed cochach y deurud** ... "Ihre Wangen waren röter ... (war röter ihre Wangen ...)". Diese Ordnung war zu jener Zeit bereits fast völlig von der (ursprünglich markierten) PKS-Ordnung verdrängt: **Cochach oed y deurud** ... "(Röter war ihre Wangen ...)". In identifikatorischen Kopula-Sätzen blieb diese PKS-Ordnung bis heute erhalten, wobei die Position des P diejenige Konstituente einnimmt, die markiert werden soll: **John yw'r brenin.** "John ist der König." **Y brenin yw John.** "Der König ist John." In deskriptiven Kopula-Sätzen begann die PKS-Ordnung bereits im Mittelkymrischen durch eine verbale Satzstruktur, bestehend aus **bod** + Adverbialpartikel **yn** + Prädikat, verdängt zu werden: **Y mae John yn frenin.** "John ist ein König." **Nid yw John yn frenin.** "John ist kein König." Das ist heute die neutrale Form des deskriptiven Kopula-Satzes, die KPS-Stellung ist als betont oder für verschiedene Formen der Topikalisierung markiert: **Brenin yw John.** "Ein König ist John." **Brenin yw John hefyd.** "Auch John ist ein König." PKS ist auch die Stellung identifikatorischer Fragestrukturen: **Beth yw hwn?** "Was ist das?" **Pwy yw'r brenin?** "Wer ist der König?" **Cap** *pwy yw hwn?* "Wessen Kappe ist das?" (im Gegensatz zu *pwy sydd yn frenin* "wer ist (ein) König" in einem entsprechenden deskriptiven Kopula-Satz).

5.9 Gliedsätze

5.9.1 Relativsätze

Die Relativisierung wurde bereits im Zuge der Beschreibung der Inversion und der Ergänzungsfragen erwähnt. In positiven Sätzen wird, wenn das Vorangestellte dem S oder O des Satzes entspricht, das Verb durch die Partikel a + SM untergeordnet: *Hwn yw'r dyn a welodd y ferch.* "Das ist der Mann, der/den das Mädchen sah." *Hon yw'r ffenestr a dorrais.* "Das ist das Fenster, das ich zerbrach." Wenn das flektierte Element des Verbs durch die 3. Sg. I von *bod* repräsentiert wird, muß die eigene Relativform *sydd* gesetzt werden: *Hwn yw'r dyn sydd yn rhedeg.* "Das ist der Mann, der läuft." *Hwn yw'r dyn sydd yn y tŷ.* "Das ist der Mann, der im Haus ist." (Diese Form ist der einzige überlebende Rest eines obsoleten Relativsuffixes –*ydd*, das im Altkymrischen bei allen Formen der 3. Sg. I einfacher Verben gesetzt werden mußte.) Eine bemerkenswerte Eigenschaft des untergeordneten Verbs in S-Sätzen ist das Fehlen der Übereinstimmung mit dem Bezugswort: *Y rhain yw'r dynion a welodd y ferch.* "Das sind die Männer, die das Mädchen sahen." *Y rhain yw'r dynion sydd yn y tŷ.* "Das sind die Männer, die im Haus sind." Bei den meisten anderen Typen von Relativsätzen geschieht die Unterordnung mit Hilfe der Partikel *y(r)*, wobei die

präpositionelle oder Genitivbeziehung durch ein anaphorisches
Pronomen im Satz selber ausgedrückt wird:

Hwn yw'r dyn y gyrraist ei gar.
dieser ist-der Mann der fuhrst-du sein Auto
"Das ist der Mann, dessen Auto du fuhrst."

Hwn yw'r dyn y siaradaist amdano.
dieser ist-der Mann der sprachst-du über-ihn
"Das ist der Mann, über den du sprachst."

Wenn das Bezugswort das O eines VN ist, ist **y(r)** die normale
unterordnende Partikel. Jedoch ist (mit Ausnahme der flektierten
Formen von **bod**) auch **a** zulässig:

Hwn yw'r car a allwn (y gallwn) ei ddreifio.
dieses ist-das Auto das konnte-ich sein Fahren
"Das ist das Auto, das ich fahren konnte."

Es gibt eine einzige Form (**piau/biau**), in der ein obsoletes
Fragepronomen im Obliquus, **pi** "wem" (Dativ von **pwy** "wer"), als
Relativpartikel dient:

Hwn yw'r dyn biau y llyfr.
dieser ist-der Mann dem-ist das Buch
"Das ist der Mann, dem das Buch gehört."

Die Struktur war ursprünglich flektierbar, ... **pioedd** ... "... dem

... gehörte", usw., doch ist sie nunmehr erstarrt; die Zeit wird mittels einer unmittelbar vorangehenden Form von **bod** variiert: **Pwy oedd biau y llyfr?** "Wem gehörte das Buch (wer war ihm ist das Buch)?"

Die Negationspartikel in allen Arten von Relativsätzen ist **na(d)** + gemischte Mutation: **Hon yw'r ffenestr na thorrais.** "Das ist das Fenster, das ich nicht zerbrach." **Hwn yw'r dyn nad yw'n rhedeg.** "Das ist der Mann, der nicht läuft." **Hwn yw'r dyn na soniais amdano.** "Das ist der Mann, über den ich nicht sprach." Anders als bei den positiven Sätzen kongruiert hier der Numerus, wenn das Bezugswort ein pluralisches Subjekt bezeichnet: **Y rhain yw'r dynion na welsant y ferch.** "Das sind die Männer, die das Mädchen nicht sahen."

Im ugs. Kymrisch wird das unterordnende Element (außer im Falle des erstarrten **sy(dd)**) weggelassen, und die SM des Verbs ist verallgemeinert: **Dyma'r dyn dorrodd y ffenest.** "Das ist der Mann, (der) das Fenster zerbrach." engl. *This is the man (who) broke the window.* **Dyma'r gât gerddodd e drwyddi** "Das ist das Tor, durch das er spazierte (spazierte-er durch-es)." engl. *This is the gate he walked through.* Bei der Verneinung tritt die **ddim**-Transformation auf: **Dyma'r dyn sy(dd) ddim yn dod.** "Das ist der Mann, der nicht kommt." engl. *That is the man who is not coming.* Die englische Interferenz macht sich vor allem daran bemerkbar, wie im nicht hochsprachlichen Kymrisch präpositionale Relativsätze umstrukturiert werden. Die unflektierte Form der Präposition erscheint am Ende des Satzes: **Dyma'r dyn (yr) oedd John yn sôn am.** "Das ist der Mann über den John sprach." engl. *This is the man John was referring to.* (Die vorgeschriebene und lit. Form wäre: **Dyma'r dyn yr oedd John yn sôn amdano.** "(Dieser ist der Mann, der war John sprechend über-ihn)", wobei sich die flektierte Präposition am Satzende anaphorisch auf das Bezugswort des Relativsatzes bezieht.)

5.9.2 Nominalsätze

Ein Merkmal positiver Sätze dieses Typs ist die obligatorische VN-Struktur. Sie tritt nur dann auf, wenn "Gegenwart" oder "Vergangenheit" vorausgesetzt wird. Soll Gleichzeitigkeit bezeichnet werden, wird das Verbs des Gliedsatzes durch *bod* "sein" + *yn* + semantisches VN ausgedrückt:

Dywedodd fod y bachgen yn dod.
sagte-er sein der Knabe in Kommen
"Er sagte, daß der Knabe komme."

Soll Vorzeitigkeit bezeichnet werden, besteht die Verbalstruktur aus *bod* "sein" + *wedi* "nach" + semantisches VN:

Dywedodd fod y bachgen wedi dod.
sagte-er sein der Knabe nach Kommen
"Er sagte, daß der Knabe gekommen sei."

S folgt also immer dem VN, wenn es ein Substantiv ist. Da zwischen dem VN und S eine Genitivbeziehung besteht, wird bei pronominalem S das Genitivpronomen verwendet:

Dywedodd ei fod yn/wedi dod.
sagte-er sein sein in/nach Kommen
"Er sagte, daß er käme/gekommen sei."

Es gibt Alternativen zur **wedi**-Struktur. Eine davon ist immer noch häufig, wenn auch eher im lit. Kymrisch als im umgangssprachlichen. Sie besteht aus der Präposition i + S + semantischem VN:

Dywedodd i John ddod.
sagte-er für John Kommen
"Er sagte, daß John gekommen sei."

Wenn das Subjekt pronominal ist, tritt die Präposition in die flektierte Form:

Dywedodd iddo ddod.
sagte-er für-ihn Kommen
"Er sagte, daß er gekommen sei."

Die anderen Alternativen sind veraltend. Die erste wird nur mit intransitiven Verben verwendet:

Deallodd Dafydd farw'r plentyn
verstand Dafydd Gestorben-sein das Kind
"Dafydd verstand, daß das Kind gestorben sei."

Wie man sieht, folgt das Subjekt des Relativsatzes unmittelbar dem VN. Ein pronominales S würde selbstverständlich durch das Genitivpronomen ausgedrückt werden.

Die andere Struktur kann sowohl mit transitiven als auch intransitiven Verben verwendet werden. Sie besteht aus semantischem VN + Präposition **o** + S:

Gwybu Noah dreio o'r dyfroedd. (Gen. 8, 11)
wußte Noah Zurückziehen von-den Wassern
"Noah wußte, daß sich die Wasser zurückgezogen hatten."

Wie bei **i** wird ein pronominales S durch die Flexion der Präposition ausgedrückt: ... **dreio ohonynt.**

Futurische und konditionale Sätze sind immer verbal. Das Verb wird durch die Partikel **y(r)** (die im ugs. Kymrisch weggelassen wird) untergeordnet:

Dywedodd y byddai y bachgen yn dod.
sagte-er daß würde-sein der Knabe in Kommen
"Er sagte, daß der Knabe kommen würde."

Dywedodd y daw y bachgen.
sagte-er daß wird-kommen der Knabe
"Er sagte, daß der Knabe kommen werde."

Auch alle verneinten Substantivsätze sind immer verbal; **na(d)** ist die unterordnende Partikel:

Dywedodd nad oedd y bachgen yn dod.
sagte-er daß-nicht war der Knabe in Kommen
"Er sagte, daß der Knabe nicht komme."

Im ugs. Kymrisch hat sich die VN-Struktur (bei entsprechenden "Zeit" und "Aspekt"-Situationen) auf die verneinten Sätze ausgedehnt:

Dywedodd fod y bachgen ddim yn dod.
sagte-er sein der Knabe nicht in kommen
"Er sagte, daß der Knabe nicht komme."

Das Vorziehen von Konstituenten in Gliedsätzen ist auf die gegenüberstellende Betonung beschränkt. Die Kopula, die der vorgezogenen Konstituente vorangeht, kopierte ursprünglich die Flexion des Verbs im Gliedsatz, wobei das letztere in der bereits beschriebenen Art untergeordnet oder "relativisiert" war. Bereits im Mittelkymrischen entstand allerdings eine erstarrte Form der Kopula. Im modernen Kymrisch ist die Form der positiven Kopula normalerweise **mai**: ***Dywedodd mai dyn a ddaw.*** "Er sagte, es sei ein Mann, der da komme." Es gibt regionale Varianten, **taw** in den südlichen Dialekten, **na** im Nordwesten (**taw** kommt auch manchmal im lit. Kymrisch vor). Die verneinte Kopula ist **nad**: ***Dywedodd nad dyn a ddaw.*** "Er sagte, es sei kein Mann, der da komme.", doch haben sich umgangssprachlich eine Vielzahl von Formen, die auf der positiven Kopula beruhen, entwickelt: ... **mai nid** ..., ... **taw nage** ..., usw..

5.9.3 Adverbialsätze

Pan "als", tra "während", os/pe(d) "wenn" und oni(d) "bis" gehören zu den ganz wenigen unterordnenden adverbiellen Konjunktionen, d. h. Konjunktionen, die dem flektierten Verb unmittelbar vorausgehen: **Pan gyrhaeddodd y ferch yr oedd pawb yn hapus.** "Als das Mädchen ankam, war jeder glücklich." Die konditionalen Konjunktionen os und pe sind keine freien Varianten: os tritt mit den Stufen I und III aller Verben und II von bod auf: **os daw y dyn ...** "wenn der Mann kommt ...", **os daeth y dyn ...** "wenn der Mann kam ...", **os oedd yn rhedeg ...** "wenn er lief ..."; pe vor den anderen Stufen: **pe deuai ...** "wenn er kommen würde ..." Zusammengesetzte Formen von pe (bestehend aus pe verbunden mit yd und der Stufe IV oder dem Konjunktiv II von bod, z. B. petasai: **petasai wedi dod** "wäre er gekommen", petawn: **petawn yn smocio** "würde ich rauchen") sind sehr häufig. Sowohl pe als auch os dienen als Kopula-Konjunktionen vor vorgezogenen Konstituenten: **Ni ddaw os dynes fydd yn pregethu.** "Er wird nicht kommen, wenn es eine Frau ist, die predigt." Die anderen erwähnten Konjunktionen können nicht in dieser Weise verwendet werden. Die untergeordnete Kopula muß dem vorgezogenen Element vorausgehen: **... pan mai dynes fydd yn pregethu.** "... wenn es eine Frau ist, die predigen wird."

In verneinten Sätzen folgt na(d) pan, tra und pe: **pan na ddaeth** "als er nicht kam", **pe na bai yn dod** "würde er nicht kommen". Im Falle von os wird die Form onid im lit. Kymrisch vorgezogen: **oni ddaw** "wenn er nicht kommt", doch ist auch os na(d) gebräuchlich. Im ugs. Kymrisch wird die entsprechende *ddim*-Transformation durchgeführt: **os yw John ddim yn dod** "falls John nicht kommt".

Die meisten Typen adverbieller Gliedsätze werden durch Präpositionen eingeleitet. Bei positiven Sätzen geschieht die Unterordnung der flektierten Konstituente des Verbs durch die Relativpartikel **y(r)**, z. B. **er** (konzessiv): **er y byddaf yn cerdded** "obwohl ich spazieren gehen werde"; **gan** (Grund): **gan y byddaf yn cerdded** "da ich spazieren gehen werde"; **fel** (Zweck): **fel y gallaf dy weld** "sodaß ich dich sehen kann"; **fel** (Zeit): **fel yr oeddwn yn cerdded** "als ich spazieren ging"; **fel** (Ergebnis): **fel y syrthiodd i'r llawr** "sodaß es zu Boden fiel". "Lokalsätze" werden durch das Substantiv **lle** "Platz" eingeleitet: **lle yr oeddwn yn cerdded** "wo ich spazieren ging". (Im ugs. Kymrisch wird **yr** oft ausgelassen, hinter **lle** häufig sogar im lit. Kymrisch.)

Die meisten präpositionellen Konjunktionen können Adverbialsätze sowohl mit VN als auch mit V einleiten, doch ist dies, wie im Falle der Nominalsätze, nur dann zulässig, wenn die "Zeit" "Gegenwart" oder "Vergangenheit" darstellt und der Satz positiv ist:

er fy mod yn cerdded
obwohl mein Sein in Spazierengehen
"obwohl ich spazieren gehe/ging"

gan fod John wedi eistedd
weil Sein John nach Sitzen
"weil John sich gesetzt hat/hatte".

Das Adjektiv **nes** ("Zeit" und "Ergebnis") ist auch in VN-Sätzen zulässig (aber nicht das Substantiv *lle*):

nes fy mod wedi cyrraedd
bis mein Sein nach Ankommen
"bis ich angekommen bin/war".

In allen Fällen, in denen VN-Sätze die zulässige Alternativkonstruktion sind, kann auch *i* "zu" + S + VN unter den Umständen, die beim Substantivsatz dargelegt wurden, eintreten:

er i mi gerdded
obwohl für mich Spazieren gehen
"obwohl ich spazieren ging/gegangen bin/war".

Die zusammengesetzte Präposition *ar ôl* kommt nur in dieser Struktur vor:

ar ôl i John ddod
nachdem für John Kommen
"nachdem John gekommen war".

Das gilt im heutigen Kymrisch auch für sein Synonym *wedi* und die zusammengesetzte Präposition *er mwyn*: *er mwyn i John fy ngweld* "damit John mich sieht (damit für John mein Sehen)". Eine Präposition, die im lit. Kymrisch ausnahmsweise von VN-Sätzen ausgeschlossen ist, ist *fel*; sie ist aber umgangssprachlich mit anderen präpositionalen Konjunktionen zusammengefallen und tritt daher auch in derartigen Konstruktionen auf: *fel dy fod ti'n fy ngweld* "damit du mich siehst (so dein Sein mein Sehen)".

Verneinte Sätze sind im lit. Kymrisch immer verbal: **gan nad wyt yn cerdded** "weil du nicht spazieren gehst", aber im ugs. Kymrisch hat sich die VN-Struktur in geeigneten Kontexten ausgebreitet: **gan dy fod ddim yn cerdded**. Das VN kann auch durch das negierende Hilfsverb **peidio (â)** verneint werden: **rhag i John beidio (â) dod** "falls John nicht kommt".

Die Voranstellung der nichtflektierten Verbalkonstituente geschieht auf die gleiche Weise, wie sie bereits für Nominalsätze beschrieben wurde: **er mai John sy'n dod** "obwohl es John ist, der kommt", **er nad John sy'n dod** "obwohl es nicht John ist, der kommt". Umgangssprachlich gelten die bereits beschriebenen Transformationen: **er na nid John sy'n dod / er taw dim John sy'n dod / na nage John sy'n dod**

6. Wortschatz

Der ererbte Grundwortschatz ist keltisch, ergänzt wurde er während der römischen Okkupation durch ungefähr tausend vor allem kulturelle Entlehnungen aus dem Latein. Es gibt auch einige spätere "gelehrte" Entlehnungen aus derselben Quelle (die meisten davon zur Renaissance-Zeit) und einige Lehnwörter aus dem Früh- oder Altirischen. Es gibt Hinweise auf Entlehnungen aus dem Englischen sogar in dem wenigen, das uns aus altkymrischer Zeit überliefert ist (**punt** < aengl. *pund*, **casul** < aengl. *casul*); es gibt andere Entlehnungen, die erst später bezeugt sind, aber durch ihre Form stark auf eine Entlehnung in altenglischer Zeit hinweisen (z. B. **crefft** < aengl. *cræft*, **cnul** < aengl. *cnyl*, **bad** < aengl. *bāt*). Während der anglo-normannischen Periode nahm die Zahl der Lehnwörter rasch zu, und die Entlehnungsgeschwindigkeit steigerte sich seither ständig. T. H. PARRY-WILLIAMS (1923): 17-18 (das bis heute umfangreichste Werk über englische Lehnwörter) war gezwungen, seine Studien auf das Mittel- und Frühneukymrische zu beschränken, "... weil in späteren Jahrhunderten das Entlehnen eine so übliche Praxis wurde, die Beispiele so zahlreich und unterschiedlich sind, daß es unmöglich ist, sie mit einzuschließen ..." Die Haltung kymrischer Grammatiker und Literaten gegenüber englischen Lehnwörtern war fast immer verdammend, und es gab viele Versuche, geeignete Entsprechungen zu prägen – normalerweise durch Ableitungen von ererbten oder assimilierten Wurzeln. Die Arbeit des Lexikographen EDWARDS THOMAS (1779-1858) liefert ein gutes Beispiel für die Neuprägungen des 19. Jahrhunderts, und diese Praxis setzt sich bis heute durch Komitees fort, die von öffentlichen oder halböffentlichen Stellen eingesetzt wurden. Jedoch werden, mit ganz wenigen Ausnahmen, die Neologismen nicht in das spontane umgangssprachliche Kymrisch aufgenommen. Es ist bereits der Zustand erreicht, in dem Wortentlehnungen fast unbeschränkt möglich sind, und Phrasenentlehnungen in großem Stil erfolgen. Ein extremes Beispiel der Phrasenentlehnung zeigt der Satz: *"Ma(e) Wales yn very hilly country."*, der spontan von einem Sprecher, der in einer fast monoglotten Familie und Gemeinde am Anfang des Jahrhunderts aufgewachsen war, aufgezeichnet wurde. Das Resultat ist eine sich ständig erweiternde Kluft zwischen ugs. und lit. Kymrisch. Viele Sprecher, die nicht beruflich damit zu tun haben, halten ihre Form der Sprache für sehr minderwertig, und man hört oft die Ausdrücke "kein richtiges Kymrisch" oder "halb Kymrisch, halb Englisch" als Bezeichnung dafür. Betrachtet man dazu die Tatsache, daß die große Mehrheit der *native speakers* entweder nicht kymrisch lesen und schreiben kann (oder es einfach nicht tut), dann sehen die Prognosen für die Zukunft der Sprache keineswegs vielversprechend aus.

7. Bibliographie

DARLINGTON, T. (1900-01): Some dialectal boundaries in mid-Wales ..., Cymmrodorion Transactions, London, Honourable Society of Cymmrodorion, 1900-01.

DAVIES, J. (1621): Antiquae Linguae Britannicae ... Rudimenta, Londini, 1621.

E AP I (1939): Erthyglau Emrys ap Iwan II, Dinbych, Gwasg Gee, 1939

EDWARDS, THOMAS (1850): Geirlyfr Saesoneg a Chymraeg, An English and Welsh Dictionary, Holywell, P. M. Evans, 1850.

EVANS, D. S. (1964): A Grammar of Middle Welsh, Dublin Institute for Advanced Studies, 1964.

FYNES-CLINTON, O. H. (1913): The Welsh Vocabulary of the Bangor District, Oxford University Press, 1913.

GREEN, D. (1971): "Linguistic considerations in the dating of Early Welsh verse". Studia Celtica 6: 1 - 11.

GRUFFYDD, W. J. (1926): Llenyddiaeth Cymru, Rhyddiaith ..., Wrecsam, Hughes a'i Fab, 1926.

JACKSON, K. H. (1953): Language and History in Early Britain, Edinburgh University Press, 1953

- (1969): The Gododdin, The Oldest Scottish Poem, Edinburgh University Press, 1969

JONES, R. M. (1964): Cyflwyno'r Gymraeg, Caerdydd, Gwasg Prifysgol Cymru, 1964.

KOCH, J. (1983): "The loss of final syllables and loss of declension in Brittonic", Bulletin of the Board of Celtic Studies 30: 201-33.

LEWIS, C. (1976): A Guide to Welsh Literature I (eds A. O. H. JARMAN und G. R. HUGHES), 1976.

LEWIS, H. (1942): The Sentence in Welsh, London, British Academy, 1942.

- (1958): Chwedleu Seith Doethon Rufein, Caerdydd, Gwasg Prifysgol Cymru, 1958.
- (1989): Die kymrische Sprache, Innsbrucker Beiträge zur Sprachwissenschaft 57, Innsbruck, 1989.

MORGAN, T. J. (1952): Y Treigladau a'u Cystrawen, Caerdydd, Gwasg Prifysgol Cymru, 1952.

MORRIS-JONES, J. (1913): A Welsh Grammar, historical and comparative, Oxford, Clarendon Press, 1913

PARRY-WILLIAMS, T. H. (1923): The English Element in Welsh, London, Honourable Society of Cymmrodorion, 1923.

WATKINS, T. A. (1965): "Points of similarity between Old Welsh and Old Irish Orthography", Bulletin of the Board of Celtic Studies, 21: 135-41.

- (1972): (1) "The accent shift in Old Welsh, Indo-Celtica, Gedächtnisschrift für ALF SOMMERFELT, München, 1972: 201-205 (2) "The accent in Old Welsh, its quality and development", Bulletin of the Board of Celtic Studies, 25: 1-11, (3) "Cyfnewidiadau seinegol sy'n gysylltiedig â'r "acen" Gymraeg", Bulletin of the Board of Celtic Studies, 26: 399-405.
- (1982): Bardos (gol. R. GERAINT GRUFFYDD), Caerdydd, Gwasg Prifysgol Cymru, 1982.
- (1987): "Constituent order in the Old Welsh verbal sentence", Bulletin of the Board of Celtic Studies, 34: 51-60.

- (1988): "Constituent order in the positive declarative sentence in the medieval Welsh tale 'Kulhwch ac Olwen', Innsbrucker Beiträge zur Sprachwissenschaft, Vorträge und kleinere Schriften 41, Innsbruck, 1988.

WJEC (1967): Cymraeg Byw II, Caerdydd, Y Cyd-bwyllgor Addysg Cymreig, 1967.

WILLIAMS, I. (1938): Canu Aneirin, Caerdydd, Gwasg Prifysgol Cymru, 1938.

WILLIAMS, S. J. (1959): Elfennau Gramadeg Cymraeg, Caerdydd, Gwasg Prifysgol Cymru, 1959.

INNSBRUCKER BEITRÄGE ZUR SPRACHWISSENSCHAFT

Keltologische Publikationen

Patrizia de Bernardo-Stempel, **Die Entwicklung der indogermanischen liquiden und nasalen Sonanten im Keltischen.** 1987. 227 S. öS 600,-. [Bd.54]

Joseph F. Eska, **Towards an Interpretation of the Hispano-Celtic Inscription of Botorrita.** 1989. XII, 213 S. öS 600,-. [Bd.59]

Henry Lewis, **Die kymrische Sprache. Grundzüge ihrer geschichtlichen Entwicklung.** Deutsche Bearbeitung von W. Meid. 1989. 156 S. öS 480,-. [Bd.57]

Henry Lewis, **Handbuch des Mittelkornischen.** Deutsche Bearbeitung von St. Zimmer. 1990. XIV, 133 S. öS 480,-. [Bd.61]

Henry Lewis – J.R.F.Piette, **Handbuch des Mittelbretonischen.** Deutsche Bearbeitung von W. Meid. 1990. XII, 120 S. öS 480.-. [Bd.62]

Kim McCone, **The Indo-European Origins of the Old Irish Nasal Presents, Subjunctives and Futures.** 1991. 210 S. öS 720.-. [Bd.66]

Wolfgang Meid, **Zur Lesung und Deutung gallischer Inschriften.** 1989. 47 S., 10 Abb. öS 200,-. [V40]

Wolfgang Meid, **Formen dichterischer Sprache im Keltischen und Germanischen.** 1990. 77 S. öS 240,-. [V45]

Wolfgang Meid, **Aspekte der germanischen und keltischen Religion im Zeugnis der Sprache.** 1991. 50 S. öS 180.-. [V52]

Karl Horst Schmidt, **Die festlandkeltischen Sprachen.** 1977. 32 S. öS 120,-. [V18]

The Middle Cornish Charter Endorsement. The Making of a Marriage in Medieval Cornwall. Middle Cornish text, with introduction, translation, commentary and glossary critically edited by Lauran Toorians. 1992. IX, 102 S. öS 240.-. [Bd.67]

Hildegard L.C. Tristram, **Tense and Time in Early Irish Narrative.** 1982. 37 S. öS 120,-. [V32]

T. Arwyn Watkins, **Constituent order in the positive declarative sentence in the medieval Welsh tale 'Kulhwch ac Olwen'.** 1988. 28 S. öS 100,-. [V41]

T. Arwyn Watkins, **Kurze Beschreibung des Kymrischen.** Deutsche Bearbeitung von K. Wöbking. 1992. 117 S. öS 320.- [Bd. 71]

Richten Sie bitte Ihre Bestellung an:
INNSBRUCKER BEITRÄGE ZUR SPRACHWISSENSCHAFT
A-6020 Innsbruck, Elisabethstraße 11